CPSIA information can be obtained
at www.ICGtesting.com
Printed in the USA
BVHW071946290123
657300BV00014B/1161

9 788119 022090

آوازوں کا میوزیم

ساگر سرحدی

Awazon ka Museum *(Short Stories)*
Author: Sagar Sarhadi
Edition: January '2023
Publisher & Printer:
Taemeer Publications, Hyderabad.

ISBN 978-81-19-02209-0
9 788119 022090

کتاب	:	**آوازوں کا میوزیم** (افسانے)
مصنف	:	**ساگر سرحدی**
صنف	:	افسانے
ناشر	:	تعمیر پبلی کیشنز (حیدرآباد، انڈیا)
زیر اہتمام	:	تعمیر ویب ڈیولپمنٹ، حیدرآباد
تدوین / تہذیب	:	مکرم نیاز
کتابت	:	جمال گیاوی
سالِ اشاعت	:	۲۰۲۳ء
تعداد	:	(پرنٹ آن ڈیمانڈ)
طابع	:	تعمیر پبلی کیشنز، حیدرآباد - ۲۴
صفحات	:	۱۲۲
سرورق ڈیزائن	:	مکرم نیاز

فہرست

ابتدائیہ

(مکرم نیاز)

ساگر سرحدی (اصل نام: تلوار گنگا ساگر) (پیدائش: ۱۱/ مئی ۱۹۳۳ء، ایبٹ آباد [صوبہ خیبر پختونخوا، پاکستان] - وفات: ۲۲/مارچ ۲۰۲۱ء، ممبئی)، اردو کے ممتاز ڈراما نگار اور افسانہ نگار ہونے کے ساتھ ساتھ فلم ساز، ہدایت کار، مکالمہ نویس اور اسکرین پلے رائٹر بھی رہے ہیں۔ اردو مصنف کی حیثیت سے اپنے کرئیر کا آغاز کرتے ہوئے وہ پہلے تھیٹر اور بعد ازاں فلمی دنیا میں داخل ہوئے۔ انہوں نے ۱۹۷۶ء میں یش چوپڑہ کی فلم "کبھی کبھی" کی اسکرپٹ رائٹنگ کے ذریعے فلمی دنیا میں داخلہ لیا۔

ساگر سرحدی کا اپنے بارے میں یہ خیال تھا کہ وہ عام انسانوں کی طرح حقیقت پسندانہ زندگی گزارتے ہیں۔ ان کا اصل ادبی اور فنکارانہ مخاطبہ عام انسانوں کے ادراک اور آگاہیوں کے ساتھ مکالمہ کرتا ہے اور لوگوں کے ردعمل کو وہ جاننا چاہتے ہیں۔

"آوازوں کا میوزیم" ساگر سرحدی کے پر فکر افسانوں کا واحد ایسا مجموعہ ہے جس کے ذریعے صنف افسانہ میں ان کی تخلیقی قوت کو جانچا جا سکتا ہے۔ تعمیر پبلی کیشنز (حیدرآباد، انڈیا) کے ذریعے اس مجموعے کا جدید ایڈیشن پیش خدمت ہے۔

ساگر سرحدی: اردو کے مستقبل کے لئے فکر مند اردو کا سپاہی

(جاوید جمال الدین)

ساگر سرحدی، ایک ایسے فرد کا نام ہے جو ایک خاموش طبیعت انسان ہی نہیں بلکہ شوبز کے جال میں نہ پھنسنے والے ایسے آدمی ہیں جو سچائی کو کہہ ڈالنے میں کوئی ہچکچاہٹ محسوس نہیں کرتے۔ وہ ایک ایسے نامور قلمکار ہیں جنہوں نے تقریباً ۱۵ فلموں کے اسکرین پلے اور ڈائیلاگ لکھے ہیں جن میں کبھی کبھی، سلسلہ، چاندنی اور کہو نا پیار ہے شامل ہیں اور وہ بازار جیسی شاہکار فلم کے تخلیق کار بھی ہیں۔

ساگر سرحدی ایک سادہ زندگی گزارتے ہیں جو کہ ہمیں ممبئی کی لوکل ٹرینوں اور بسوں میں نظر آتی ہے، ایسا نہیں ہے کہ وہ ایک خوبصورت فینسی کار یا کشادہ فلیٹ نہ خرید سکتے ہوں بلکہ ان کا کہنا ہے کہ:

"میں عام زمین سے جڑا آدمی ہوں اور حقیقت میں جینا چاہتا ہوں"۔

ساگر سرحدی کی فلموں میں ایسے نوجوانون کو پیش کیا جاتا ہے جو خواب دیکھتے ہیں اور انہیں پورا کرنا ان کا مقصد ہوتا ہے۔ اپنی باتوں کے ذریعے وہ لوگوں کے اندر تک، ان کی روح میں جھانکنا چاہتے ہیں تا کہ سچائی کو اجاگر کریں۔ ایک بیچلر ہونے کے باوجود رومانس بھری کہانیاں تحریر کرنے کے متعلق ان کا کہنا ہے کہ:

"میں نے شادی نہیں کی، لیکن اس کا مطلب یہ نہیں ہے کہ میں نے کسی عورت سے عشق نہیں کیا تھا"۔

ساگر سرحدی خواتین کی عزت و احترام کرتے ہیں اور اس کی جھلک ان کی فلموں میں بھی دکھائی

دیتی ہے۔ ان کی والدہ کی موت کے بعد ان کی بڑی بھابھی نے ان کی دیکھ بھال کی تھی۔۔ساگر سرحدی کے مطابق آج کی فلموں میں تقریباً ہر کہانی اسٹار پر مرکوز ہوتی ہے اور فلمسازوں کو کوئی اہمیت نہیں حاصل نہیں ہے بلکہ فلمساز اسٹار ارد گرد چکر لگانے پر مجبور ہے۔

ساگر سرحدی نے "بازار" کی شکل میں ایک بہترین فلم دی ہے، لیکن ان کے خیالات اور نظریات کو فلمی دنیا کا ایک طبقہ پسند نہیں کرتا ہے مگر ساگر سرحدی کہتے ہیں کہ انہیں اس ناپسندیدگی کی کوئی پرواہ نہیں ہے۔

گرو تیغ بہادر نگر اسٹیشن اور اندھیری کے درمیان وہ روزانہ سفر کرتے ہیں۔ ان کا کہنا ہے کہ کار میں سفر کے بجائے اس عوامی ٹرانسپورٹ میں سفر کرنے سے انہیں لوگوں کو دیکھنے، بات کرنے اور ایک دوسرے کو سمجھنے کا موقع ملتا ہے۔ یہیں سے وہ کہانی حاصل کرتے ہیں اور عام آدمی اور عام افراد کی کہانیاں لکھتے ہیں۔

ساگر سرحدی کا تعلق ایبٹ آباد میں بافٹا (پاکستان) سے ہے جو کہ علاقہ "سرحد" میں واقع ہے، اس لئے انہوں نے قلمی نام "سرحدی" رکھ لیا حالانکہ ان کی خاندانی کنیت "تلوار" ہے۔ ملک کی تقسیم کے بعد ان کا خاندان دلی چلا آیا اور بعد میں اپنے بڑے بھائی کے ہمراہ وہ بمبئی چلے آئے۔ ساگر سرحدی آج بھی سردار نگر سائن کوالی واڑہ کے پنجابی کیمپ میں رہائش پذیر ہیں جو انہیں حکومت نے الاٹ کیا تھا۔ ساگر صاحب اور یش چوپڑہ کے درمیان بہت اچھی ذہنی مطابقت تھی۔ اس کے علاوہ راکیش روشن کے لئے بھی انہوں نے کام کیا۔ ساگر سرحدی کے ایک قول کے مطابق:

"دل میں جو درد رہتا ہے، اس کی وجہ سے ایک بامعنی تحریر نکلتی ہے اور وہ ادب کا شاہکار کہا جاسکتا ہے"۔

آج ساگر سرحدی اردو افسانہ اور ڈرامہ کے ایک نامور قلمکار ہیں، لیکن باندرہ ریلوے اسٹیشن پر اندھیری ٹرین کا انتظار کرتے ہوئے انہوں نے کہا کہ:

"اردو ادب میں پہلے پیسہ نہیں تھا جس کے سبب مجھے اسٹیج اور فلموں کا رخ کرنا پڑا"۔

ان کے ڈرامے "بھگت سنگھ کی واپسی"، "خیال کی دستک"، "راج دربار" اور "تنہائی" نا قابل فراموش ڈرامے مانے جاتے ہیں۔ تنقید نگاروں کے ساتھ عام لوگوں نے بھی انہیں کافی پسند کیا۔

اردو زبان کے مستقبل کے متعلق ساگر سرحدی کافی فکر مند ہیں اور کہتے ہیں کہ:

"اردو کو بچایا جانا چاہئے، اس زبان میں علم و ادب کا کافی ذخیرہ ہے مگر مجھے اس زبان کا مستقبل تاریک نظر آرہا ہے"۔

☆☆☆

آوازوں کا میوزیم

اُٹھنے کے لیے وہ صبح پانچ بجے کا الارم لگاتا تھا لیکن الارم سے اُس کی آنکھ نہیں کھلتی تھی۔ اُس کی آنکھ الارم بجنے سے پہلے ہی شمبھو کی آوازوں سے کھل جاتی۔

جب وہ فارغ ہونے کے لیے جاتا تو الارم کی گھنٹی سُنتا جو اُس کے ذہن میں اکثر بجتی، اکثر وقت بے وقت بجتی رہتی۔

جب وہ کلاس کو پڑھا رہا ہوتا تو لوکل ٹرین کی گڑگڑاہٹ مُنتا رہتا۔

اور پھر جب وہ کھانا کھا رہا ہوتا تو لڑکوں کی آوازیں اُس کے کانوں میں جھنجھناتی رہتیں —— اُسے لگتا جیسے اُسے آوازوں کے ڈرم میں بند کر دیا ہو۔

وہ تنہا ہونا چاہتا تھا —— اور تنہائی کے لیے بے حد ضروری ہے کہ وہ خود سے ہمکلام ہو۔

جب کبھی وہ کارٹی یا بس میں اجنبی آدمیوں سے گھرا ہوتا تو بے حد خوش رہتا۔ اُس کے ماتھے کی شکنیں کھل جاتیں! کبھی دبی دبی سی مسکراہٹ ہونٹوں پر آجاتی تو وہ اپنے آپ سے باتیں کرنے لگتا —— اُسے خود سے باتیں کرنے میں بڑا مزا آتا تھا لگتا کہ وہ خود سے باتیں نہ کر کے کسی عزیز دوست، دیرینہ یار سے باتیں کر رہا ہے جو اُسے کبھی

نہ ٹوٹے گا بلکہ نہایت خلوص اور ہمدردی سے پیش آئے گا ——— باتوں کا سلسلہ بڑھتا تو اس کے ہونٹ ہلنے لگتے جیسے اچھی، گہری، رازدارانہ باتیں کرنے میں محو ہو۔ پھر وہ سیٹ پر جم کر بیٹھ جاتا۔ اچھی گہری سانس لیتا اور مسکراتا۔ اس کی آنکھوں میں روشنی چمک اٹھتی : زندگی اتنی مشکل تو نہیں۔ احساس ابھی زندہ ہیں۔ ان میں گرمی ہے۔ ابھی دل کو لو دیتے ہیں۔ رگوں سے گزر کر ذہن میں ایک ماحول پیدا کرتے ہیں، ایک خوشگوار سی کیفیت جیسے ہلکا ہلکا بخار سا ہونے لگے۔ پھر احساس حقیقت کا روپ لینے لگتے ہیں ——— اس کی اپنی دبی دبی آوازیں اسے سنائی دینے لگتیں اور پھر اچانک اس کی نظر ساتھ والے آدمی پر پڑتی یا پھر سامنے بیٹھے ہوئے یا ادھر ادھر کھڑے ہوئے لوگوں کی طرف وہ دیکھتا تو حیران رہ جاتا ——— سب ٹکٹکی باندھے اس کی طرف دیکھ رہے ہوتے، بالکل ایسے ہی جیسے ہجوم کسی پاگل آدمی کو دیکھتا ہے ——— بس میں تنہائی نہیں ملتی نا . . . !

شام کو ورسوا کی طرف جانے والی بس میں لوگ گم سم بیٹھے نظر آتے جیسے جیل کاٹ رہے ہوں؛ ہونٹ سلے ہوئے آنکھوں میں پیلا پن گدلا پن خالی پن؛ ہاتھ بندھے ہوئے، ٹانگیں بے جان، جسم تھکا ہوا ——— بس، ورسوا کی طرف جانے والی بس کے انجن کے غرانے کی آواز سنائی دیتی یا پھر بریک کے وقت ٹائر کے لگنے کی؛ اس طرف جاتی ہوئی دوسری (اور پرانی) بسوں کے ہارن اور ان کے جسموں کی کھڑکھڑاہٹ بھی کانوں میں پڑتی ——— اندھی بسیں رات گئے جب ورسوا سے لوٹتیں تو بسوں کی آوازیں سنائی نہ دیتیں، بہکے ہوئے لوگوں کی چیخ و پکار کان میں پڑتی ——— وہ زور زور سے چلا رہے ہوتے؛ ان کی سانسوں سے دارو کے بھبکے اڑ رہے ہوتے اور وہ مستی میں گرتے پڑتے لوٹ رہے ہوتے۔

جس بس میں وہ سوار تھا، وہ بہت پرانی تھی۔ اس کا ایک ایک حصہ کھڑکھڑا رہا تھا جیسے بوڑھا ضعیف آدمی کھانس رہا ہو، بے دم ہو رہا ہو ——— بس کے فرش سے لوہے کی ایک پلیٹ تقریباً الگ ہو گئی تھی کہ صرف ایک پیچ پھنسا رہ گیا تھا۔ زور کا ایک دھچکا لگا تو پلیٹ اپنی جگہ سے سرک گئی اور بس کے فرش میں ایک سوراخ سا پیدا ہو گیا، اور نیچے پیچھے کی طرف بھاگتی ہوئی سڑک نظر آئی۔ وہ سوراخ پر نظریں ٹکائے تیزی سے پیچھے کو کھسکتی ہوئی سڑک کو دیکھتا رہا۔ بس میں پھیلی ہوئی روشنی کا ایک چوکور دھبہ سوراخ کے راستے سڑک پر جا پڑا تھا ——— جس رفتار سے سڑک پیچھے کی جانب لپک رہی تھی، اسی رفتار سے بس آگے کی طرف بڑھ رہی تھی لیکن روشنی کا چوکور دھبہ سڑک کے دھول سے اٹے ہوئے جسم پر رفتار کے سلسلوں کے درمیان رکا ہوا تھا : وہ بھی تو جاگتی دوڑتی بس کے اندر رکا تھما بیٹھا ہوا ہے . . . اس بے پناہ حرکت اور برق رفتاری کے درمیان پھنسے ہونے کے کارن وہ جیسے جاگ گیا تھا، جوش میں آگیا تھا ——— بے پناہ حرکت، برق رفتاری، احساس کی شدت، جنون؛ اس کے وجود کے گرد آوازوں کی اک چار دیواری : ٹین کا فرش، ٹین کی دیواریں، ٹین کی چھت اور وہ اکیلا : خوشی میں پاگل، تنہائی کی سرگم چھیڑتا ہوا ——— باہر کے شور سے بے تعلق ہو کر وہ اپنے آپ میں کھو سا گیا۔ شور تو بس ایک بہانہ تھا، وہ خود بخود الگ تھلگ جزیرہ بن گیا، اور اس نے اپنے آپ سے باتیں کرنا شروع کر دیں۔

وہ کافی دیر تک خود سے ہمکلام رہا۔ اس نے کیا باتیں کی تھیں، وہ خود بھی نہیں جانتا تھا۔ اسے کچھ یوں لگا جیسے وہ خود سے باتیں نہ کر کے کسی اور سے، کسی اجنبی سے باتیں کر رہا تھا۔ وہ چلایا بھی تھا زور سے؛ ایک ایک لفظ چبا کر اس نے اپنے آپ کو مخاطب بھی کیا تھا لیکن نتیجہ صفر نکلا کہ لفظ خیال کے بنا اس کے ذہن میں جنم لے کر

اس کے پیٹ میں جنم لیتا تھا، اور جب وہ لفظ لڑھکتا ہوا اس کے ہونٹوں تک پہنچتا تھا تو اپنی آواز کھو دیتا تھا۔ بڑی مشکل اور تکلیف سے اس کے ہونٹ کھلتے، اس کے ٹیڑھے میڑھے ہونٹ، لیکن وہ کبھی جان نہ پاتا کبھی سمجھ نہ پاتا کہ اس نے کیا کہا تھا ——— اجنبی اسے وحشت سے دیکھتے، سرد مہری اور بے تعلقی سے گھورتے۔

وہ شدید اذیت میں مبتلا تھا۔ اتنی کشمکش اس نے کبھی محسوس نہ کی تھی۔ ——— اتنی بے چارگی اتنی بے بسی ——— دوسروں سے گفتگو کرنا تو اسے آتا ہی نہ تھا۔ موڈ میں ہوتا تھا تو خاموش رہتا تھا۔ دوسروں کی باتیں بس اس کے کانوں کو چھو کر گزر جاتی تھیں۔ ملنے والے اس پر ہنستے تھے لیکن ان کی ہنسی اسے دکھائی نہیں دیتی تھی۔ وہ بس اپنی کسی گرہ کو کھولتا رہتا۔ اس نے تو اپنے آپ سے دوستی کر رکھی تھی۔ گوشہ نشینی میں، اوروں کے ہجوم میں، دارو کے نشے میں، ہر حال میں وہ خود اپنے آپ سے باتیں کرتا رہتا تھا اور ایک لطیف سا سرور اس کی ہستی پر چھایا رہتا تھا ——— ادھر کئی دنوں سے اس کا اپنے آپ سے یہ سمبندھ ٹوٹ رہا تھا اور وہ شدید اذیت میں مبتلا تھا۔

بس اڈے پر بس رکی تو وہ آپ سے آپ اتر آیا۔

وہ اس مقام کو جاننے کی، سمجھنے کی کوشش کرتا رہا، جہاں وہ اس سمے کھڑا تھا ——— اس نے سائن بورڈ پڑھے، لوگوں کے چہرے غور سے دیکھے: یہ لوگ نگر کے کس حصے کے باسی ہیں . . . اس نے سگریٹ خریدے۔ سگریٹ بیچنے والے کا چہرہ پہچانا۔ ایک چہرہ پہچانا تو اس مقام کو بھی پہچان لیا۔ پھر وہ تیزی سے اسٹیشن کی طرف لپکا اور لوکل ٹرین میں سوار ہو گیا۔

"میں صبح پانچ بجے کیوں اٹھوں . . . ؟" پہلا جملہ جو اس نے کہا اور سنا ——— دیر تک وہ اسی جملے کو چباتا رہا۔ اس نے دوسرا سگریٹ سلگایا تب بھی اپنے اس جملے کا مزا لیتا رہا۔ اسے یقین ہوتا جا رہا تھا کہ اس کا ذہن اس کا ساتھ دے رہا ہے۔ وہ خوشگوار تعلق جو اس کے اور اس کی سوچ کے درمیان قائم تھا، ابھی ٹوٹا نہیں۔ ابھی کچھ بگڑا نہیں۔ وہ غیر یقینی پن جو اس کے دل و دماغ پر کچھ دنوں سے چھایا ہوا ہے، ابھی چھٹ جائے گا۔ بس چند اور جملوں کی بات ہے، ایسے جملے جو اس کی ذات کو ابھاریں اور جن میں سماجی تلخی، سچائی اور کشمکش سمٹی ہو ——— پھر وہ کسی نتیجے تک پہنچ سکے گا اور اسے بڑی اچھی، بڑی گہری نیند آئے گی . . .

دوسرا جملہ سوچنے کی کوشش میں اس کے ذہن میں دھواں سا چھانے لگا اور پھر اس دھوئیں میں اس کا پہلا جملہ بھی کھو گیا۔ اس کی زبان کسیلی ہو گئی۔ پہلے جملے نے جو سکون اسے بخشا تھا، دفعتاً غائب ہو گیا اور اس کا چہرہ کھنچ گیا۔ ماتھے پر شکنیں ابھر آئیں، نتھنے پھول گئے، ہونٹ پھڑکنے لگے جیسے غصیلی دھواں دھار جھاڑ رہے ہوں لیکن کوئی آواز سنائی نہ دے رہی تھی۔ پھر جیسے چمتکار ہو گیا۔ اس نے دوسرا جملہ کہا اور سنا: "میں . . . میں بچہ ہوں . . . !"

اس فقرے سے اسے بہت راحت ملی۔ اس نے اطمینان کا سانس لیا۔ اچانک اس کی نظر سامنے بیٹھے ہوئے مسافر پر پڑی جو اسے ٹکٹکی باندھے دیکھ رہا تھا۔ اسے غصہ آ گیا۔ اس نے سر ہلا کر گھورنے کا مقصد پوچھا تو وہ آدمی بے شرمی سے مسکرا دیا۔ اس نے سوچا کہ وہ آدمی نہایت ذلیل، نہایت کمینہ ہے . . . ایک عام آدمی جو زندگی کی پیچیدگیوں کو نہیں سمجھ سکتا ——— وہ اس کی ناسمجھی پر مسکرا دیا، اور اس سے مخاطب ہوا: "ٹمبکٹو . . . !"

"ٹمبکٹو . . . !" مسافر نے کہا۔

"میرا باپ گاؤں کے ایک کھیت میں گھاس چر رہا ہے۔ ۔ ۔ !" اُس نے کہا۔
"میں تمھارے باپ سے ملنا چاہتا ہوں۔ ۔ ۔ !" مسافر نے کہا۔
اچانک اُسے غصہ آگیا۔ اُس نے نتھنے پھلا کر کہا: "میں تمھارے سر پر ایک دھپ جمانا چاہتا ہوں۔ ۔"
مسافر نے مسکرا کر جواب دیا: "جماؤ۔ ۔ ۔ !"
وہ زور پڑا: "تم مجھے پہچاننا چاہتے ہو۔ ۔ ۔ تم مجھ سے جھگڑتے ہو۔ میں تمھیں ایک ماروں گا تم میرا بھرکس نکال دوگے۔ ۔ ۔ میں سب سمجھتا ہوں۔ ۔ ۔" وہ بھاگتا ہوا اگلے اسٹیشن پر اتر گیا۔

دوسری صبح ابھی وہ کلاس روم میں داخل ہوا ہی تھا کہ پرنسپل کا چپراسی اُسے بلانے آگیا۔
اس کی آنکھیں ابھی تک چڑھی ہوئی تھیں۔ ذہن میں "سن ن ن۔ ۔ ۔" کی آواز گونج رہی تھیں سانس میں دارو کی مہک تھی اور بدن لرز رہا تھا۔
چپراسی کے پیچھے پیچھے میبل بھی تقریباً بھاگتی ہوئی آئی تھی۔ وہ کلاس روم کے باہر کھڑی تھی، گھبرائی ہوئی کانپتی ہوئی۔
"پرنسپل نے بلایا ہے۔ ۔ ۔" اُس نے کہا اور پرنسپل کے کمرے کی طرف چل پڑا۔
تم ہر روز دیر سے آتے ہو۔ ۔ ۔ ہر تیسرے روز چھٹی لیتے ہو۔ ۔ ۔ تنخواہ ایڈوانس میں لیتے ہو۔ ۔ ۔ صبح جب آتے ہو تو تمھاری حالت غیر ہوتی ہے۔ ۔ ۔ کاپیاں جانچنے میں تم کوتاہی برتتے ہو۔ ۔ ۔ اسکول کے جلسوں اور دیگر کارگزاریوں میں تم کوئی حصہ نہیں لیتے۔ ۔ ۔ ساتھی ٹیچروں سے تمھارا کوئی واسطہ نہیں ہے۔ ۔ ۔ طالب علموں کی بہتری کے لیے بھی تم کبھی کچھ نہیں کرتے۔ ۔ ۔ اور میبل سے بہت زیادہ ملتے ہو۔ ۔ ۔ گردان جاری تھی جیسے لفظوں سے بھری پڑی مال گاڑی گزر رہی ہو۔
لوکل ٹرین میں پچھلی رات اس نے سفر کیا تھا، ذہن میں ایک گاڑی گزر رہی تھی۔ مسافر کہہ رہا تھا: "تم بکو۔ ۔ !"
گاؤں کے اس کھیت میں جہاں اس کا باپ گھاس چر رہا تھا، مسافر دھوپ میں بیٹھا اس کے باپ کا پورٹریٹ بنا رہا تھا—— اس گیسٹ ہاؤس میں جہاں وہ رہتا تھا، چار آدمی خرّاٹے بھر رہے تھے اور ہوا متعفن تھی —— لوگ اسٹیشنوں کی طرف بھاگ رہے تھے: سوکھے چہرے، خشک ہونٹ، خالی آنکھیں، کھوکھلے جسم، گاڑی پکڑنا آخری منزل کی طرف بڑھنا ہے۔ ۔ ۔ اندھیری رات میں بھوتوں کی بھاگ دوڑ۔ ۔ ۔
تیسرا جملہ اس کی سوچ کی پکڑ میں آگیا۔ اُسے یقین تھا کہ یہ جملہ دنیا کے تمام ریڈیو اسٹیشنوں سے براڈکاسٹ ہوگا اور یہ تمام روزناموں میں جلی حرفوں میں چھپے گا: "یہ ملک ٹیچروں کا ملک ہے۔ ۔ ۔"
اس نے سگریٹ کے لیے جیب ٹٹولی تو پرنسپل نے کہا: "تمھیں یہ پیشہ پسند نہیں تو استعفیٰ دے دو!"
اس نے ایک کھردرا سا کاغذ اٹھایا اور لکھنا شروع کیا۔
ڈیئر پرنسپل۔ ۔ ۔
آئی ہیرِبائی ریزائن۔ ۔ ۔

پھر اس نے وہ کھردرا کاغذ جو اس کا استعفیٰ تھا، پرنسپل کے ہاتھ میں تھما دیا اور باہر نکل آیا۔

میبل باہر کھڑی تھی۔ گھبرائی ہوئی، پژمردہ، کانپتی ہوئی۔

"میں نے استعفیٰ دے دیا ہے۔ ۔ ۔ " دو گھڑی کے لیے وہ سڑک پر تھا۔

سڑک پر آوازوں کا ہجوم تھا: بھیگتی ہوئی آوازیں، خرمیتی ہوئی آوازیں، کرخت اور کھردری، مہین اور پیار، زنانہ آوازیں جو مردانہ تھیں، مردانہ آوازیں جو زنانہ تھیں، آوازیں جو موٹر گاڑیوں کی آوازوں تلے کچلی جا رہی تھیں —— ایک آواز ایسی بھی تھی۔ ۔ ۔ الگ، نرم، مخلص، مدھم۔ ہلکی سی آنچ لیے ہوئے۔

اس نے پلٹ کر دیکھا —— میبل اس کی طرف تقریباً بھاگتی ہوئی آ رہی تھی —— یہ لڑکی مجھ سے کیا چاہتی ہے؟

میبل کی آنکھوں میں آنسو تھے۔ اسے غصہ آ گیا: "جاؤ، اپنے مرد کے پاس جاؤ جس سے تم محبت نہیں کرتیں۔ ۔ ۔ اس بچے پر اپنی ممتا لٹاؤ جس کو تم جنم دینا نہیں چاہتی تھیں۔ ۔ ۔ وہیں اپنی زندگی غارت کرو۔ ۔ ۔ زندگی کے کسی ایک موڑ پر بھی تم میرا ساتھ نہیں دے سکتیں۔ ۔ ۔ "

اور پھر وہ جیسے بھاگ نکلا ہو۔

اس نے صبح ہی سے پینا شروع کر دی۔ یہ کوشش بھی نہ کی کہ کچھ سوچے؛ اپنے سے بات کرے، غیروں کی طرف دیکھے؛ کچھ کرے، کچھ نہ کرنے کی سعی کرے؛ کہیں جائے، کہیں نہ جانے کا ارادہ باندھے؛ مسکرائے، ہنسے، غمزدہ ہو؛ اظہار افسوس کرے، آنے والے دن دھیان میں لائے؛ زندگی کے المیے پر ایک آدھ جملہ کہے؛ اب تک گیا ہے اسے پرکھے؛ آنکھیں بند کرے، آنکھیں کھولے —— اس نے کچھ نہ کیا، بس پیتا رہا پیتا چلا گیا۔

تین بجے کے قریب وہ بمشکل اٹھا جسم اس کا پھنک رہا تھا —— یوں کہ جلد گرمی سے چٹخ رہی تھی اور گوشت بھن رہا تھا —— سامنے کے اندھیرے میں روشنی دائرہ در دائرہ پھیلی ہوئی تھی —— کھوپڑی سگ بھرا انارپل کا خول ہو گئی تھی اور رگوں میں جیسے سمندر کا پانی دوڑ رہا تھا۔

وہ چوراہے کے عین بیچ کھڑا آوازوں کو پہچاننے کی کوشش کر رہا تھا۔ وہ کچھ کہنا چاہتا تھا؛ کچھ فیصلے سنانا چاہتا تھا؛ ہر آواز کے بارے میں اپنی رائے دینا چاہتا تھا —— اس کی آواز حلق میں کہیں دب کر رہ گئی اور اس کی دبی مری آواز بدبو دینے لگی۔

وہ ابھی پانچ برس ہی کا تھا کہ اس کی ماں مر گئی۔ اس نے بس ایک ہی نظر ماں کو دیکھا تھا۔ شاید ماں اس سے کچھ کہنا چاہتی تھی لیکن کچھ نہ پائی تھی —— ماں کی وہ خاموش آواز اس کے سامنے ہیرے کی طرح چمک رہی تھی۔

اس کی بڑی بہن نے اسے اپنے بچے کی طرح پالا تھا —— بہن کی آواز، اوس کے قطرے۔ ۔ ۔ نوعمری کی ——

بچپن کی اس کی اپنی آواز —— نوعمری کی آواز، کچے پن کی آواز۔ ۔ ۔ دوستوں کی؛ لڑکوں کی لڑکیوں کی۔ ۔ ۔ صبح دم اڑتے ہوئے پنچھی، کرنیں۔ ۔ ۔ اندر دھنش کے سات رنگ۔ ۔ ۔ سورج کی آواز!

وہ آوازوں کو محسوس نہیں کر رہا تھا، دیکھ رہا تھا۔

وہ آوازوں کے میوزیم میں تھا۔ اب وہ آوازوں کو چھونا چاہتا تھا، ٹٹولنا چاہتا تھا۔

اس نے بمشکل پلکیں اٹھائیں اور دائرہ در دائرہ پھیلی ہوئی روشنی میں آنکھیں پھاڑ کر دیکھا —— وہ ڈبل ڈیکروں کے بیچ کہیں گرا پڑا تھا —— چاروں طرف لوگوں کا ہجوم تھا۔

اس کی زبان کسیلی ہو گئی۔ پیٹ مروڑ کھانے لگا۔

ایک عجیب سناٹے سے ایک آواز اٹھی: "ذلیل آدمی . . . ذلیل قوم . . . !" صرف وہ سن سکا —— اور آواز اس کے حلق ہی میں کہیں ڈوب گئی۔

شاید یہ اس کا آخری جملہ —— یا آخری بیان تھا۔

کٹا ہوا پیڑ

میں سارے تعلقات توڑ چکا تھا۔

صحرا میں اپنے ہی پاؤں کے نقوش سے گھبرا کر ان کو مٹانے کی کوشش کر رہا تھا۔ جونہی میں ارادہ کرتا، میرا نقشِ پا مجھے جیسے گھورنے لگتا ——— اپنی ذات کو دفن کرنے کے لیے میں نے سوچا کہ اپنا سر اپنی گود میں چھپا لوں، اپنے بازو اپنے گھٹنوں کے گرد ڈال دوں، بے حرکت ہو جاؤں، سانس لینا چھوڑ دوں اور مر جاؤں۔

میں بمبئی کی ایک سڑک پہ چل رہا تھا۔
مجھے یاد تھا کہ چھوٹی چھوٹی معمولی چیزیں میرے لیے کوئی معنی نہیں رکھتیں : حلوائی کی دکان، مدراسی کا ہوٹل ڈھل ایک ہوٹل۔ دکانوں کے درمیان خالی جگہ۔ ایک پرانی چال۔ چال سے جھانکنے والے بے شمار سر۔ درزیوں کی دو دکانیں۔ مٹن شاپ اور پھر آگے چوراہا ——— لوٹ جاؤں؟ کہاں؟ آگے بڑھوں؟ کس لیے؟ ٹھہر جاؤں؟ جرأت نہیں ہے کہ لوگ آ جا رہے ہیں . . .

سوچا کہ کوئی محفل آراستہ کروں : یادوں کی محفل۔ چراغاں لمحات کا۔ سانسوں کے دور۔ لمس کے ساغر ——— ہر آدمی یہی کچھ کرتا ہے، مجبور ہو جاتا ہے، تنہا ہو جاتا ہے تو ماضی میں لوٹ جاتا ہے، اپنی یادوں کی جگالی کرتا ہے، دکھ کا رس لیتا ہے اور چٹخارے لیتا ہے . . .

مجھے ایک چہرہ یاد آ رہا ہے، چہرے کے ساتھ کچھ لمحات بھی۔ میں اس چہرے کے اثر سے اپنے آپ کو آزاد کرنا چاہتا ہوں۔ اس کا اثر ایک پرانی عادت کی طرح نفس پر چھا رہا ہے، ذہن متعفن ہو رہا ہے۔ میں اس چہرے، ان لمحات کو ذہن سے الگ کرنا چاہتا ہوں۔ دھیرے دھیرے یہ اثر کسی تیزاب کی طرح جلنے لگا ہے، زائل ہونے لگا ہے، خاک ہونے لگا ہے ——— میں آزاد ہو چکا ہوں۔

میں اپنی تنہائی، بوریت اور مایوسی کا بوجھ تنہا اپنے کندھوں پر اٹھائے اس تین میل لمبے راستے سے گزر رہا ہوں جس راستے سے ہر روز شام کو گزرا کرتا ہوں، کسی امید، کسی حادثے، کسی واقعے کے بغیر ہر روز اسی طرح چلتا ہوں اور پھر لوٹ جاتا ہوں۔

"ارے . . ." وہ مجھے دیکھ کر حیران ہو گیا۔
میں رک گیا۔
"کہاں جا رہے ہو؟" اس نے پوچھا۔
"ایسے ہی نکلا ہوں!"
"کوئی ضروری کام ہے؟"
"نہیں . . . تم فلم دیکھنے گئے تھے؟"
"ہاں!"
"کیسی ہے؟"
"بکواس ہے . . .!"
"گئے کیوں تھے . . .؟"
"کیا کرتا . . .! دکان پر بیٹھا بور ہو رہا تھا، سوچا، چلو فلم دیکھ کر وقت کاٹا جائے . . ."
"اب دکان پر واپس جاؤ گے؟"
"اور کہاں جاؤں گا؟"
"چلو، دارو پینے چلتے ہیں۔"

"دارو پینے کا وقت ابھی کہاں ہوا ہے!"
"تم گھڑی دیکھ کر دارو پیتے ہو؟"
"نہیں! اندھیرا ہو تو ذرا اچھا لگتا ہے۔"
"اندھیرا ہونے تک کیا کیا جائے؟"

"ہیں؟"

"ہاں!"

"چلو، دارو پیتے ہیں۔ . . ."

تین تین پیگ ہو چکے تھے۔

میں شراب ایسے پی رہا ہوں جیسے کوئی رسم ادا کر رہا ہوں، جیسے مرنے کے بعد خود اپنا انتم سنسکار کر رہا ہوں۔ سر گھٹا ہوا ہے، جسم پر ایک دھوتی باندھے لاش کو سفید چادر سے ڈھک رہا ہوں، لاش کے سرہانے جو کی ڈھیری پر دیا جل رہا ہے۔ لاش ابھی گرم ہے۔ مجھے مرے ہوئے بہت وقت نہیں ہوا ہے۔ بہت سے لوگ دروازے کے باہر کھڑے آہ وزاری کر رہے ہیں۔ مجھے ہنسی آرہی ہے اور میں سوچ رہا ہوں کہ چلو، ایک آدمی جو پیدا ہوا تھا، بڑھا تھا، مر گیا —— بچو! اس سے اچھا انتظام اور کیا ہو سکتا ہے . . . جیسے میں خود اپنی لاش سے مخاطب تھا۔

وہ شاید اپنی بیوی کی تعریف کر رہا تھا کہ وہ بے حد اچھی، بے حد نیک، بے حد سگھڑ ہے، وہ حالات کو قبول کر چکی ہے، وہ اسے کبھی نہیں ٹوکتی، کبھی تنگ نہیں کرتی! اکثر کہتی ہے کہ وہ گھر میں پیا کرے! اس کے سامنے پیا کرے! لیکن یاروں کے ساتھ خوش گپیاں کرتے ہوئے شراب پینے کا مزا ہی اور ہے! شراب تو بس ایک بہانہ ہے! اور پھر یار بھی میرے جیسا اور پھر یار بھی اچانک مل جائے سات برس بعد . . . تمہیں یاد ہیں وہ دن . . .

میں کوئی چہرہ یاد کرنا چاہتا ہوں جس کے خط وخال نہ ہوں، کوئی واقعہ یاد کرنا چاہتا ہوں جو کوئی واقعہ نہ ہو۔

بمبئی کی ہلکی روشنی میں اس کا چہرہ ایسے لگا جیسے صبح کی دھوپ میں گلی سے ایک اچھا سا چہرہ گزر جائے —— وہ چہرہ پرچھائیں کی طرح کھو گیا۔ دل کا غم، جسم کا تقاضہ، شہر کی کسی اجنبی گلی میں کھڑا میں اپنی جیب میں سکے گننے لگا: میں نے دل سے بار ہا کہا کہ مجھ سے ہر بار یہ ہوں، یہ گئے نہیں ہوتے، نتیجہ کچھ نہیں نکلتا۔ مجھ سے یہ ہوں نہیں ہو سکے گا کہ یہ کوئی حل نہیں۔ کمی ہو اور دو سکے بچا رکھوں کی یوں رہ جائے گی جو دنوں تک مجھے پریشان کرتی رہے گی۔ میں پشیمانی کے ساتھ جیوں گا۔ خون جلاؤں گا اور مایوس لوٹوں گا —— اس اجنبی شہر کی اس اجنبی گلی میں وقت کٹ رہا تھا اور مجھے وقت کے بہاؤ کو پھر محسوس کرنا تھا کہ اس کے سوا کوئی چارہ نہ تھا۔

وہ رضامند نہ تھی اور میں اصرار کر رہا تھا —— میں اس کی موجودگی میں تمام کپڑے اتار چکا تھا، ننگا ہو چکا تھا۔ اس نے جب ہاں کی تو میں نے محسوس کیا، وقت پگھل چکا ہے، بہہ رہا ہے —— میری رگوں میں وقت بہہ رہا ہے، خون بہہ رہا ہے۔

اندر کمرے میں کیفیت کچھ دوسری تھی —— جب اس نے مجھے اپنے قریب بیٹھنے دیا تو میں نے محسوس کیا کہ وہ چہرہ جو میں نے کبھی صبح کی دھوپ میں گلی سے گزرتے ہوئے دیکھا تھا، وہ تو جا چکا ہے —— اس چہرے کی پرچھائیں تو تھی، یہ کیسا چہرہ تھا کہ اس کے ساتھ اس کا جسم نہ تھا۔ جسم تھا مگر کوئی اور جسم جو اس چہرے کے ساتھ جوڑ دیا گیا تھا۔ چہرے اور جسم میں کوئی سمبندھ نہ تھا اور جسم کے ہر انگ میں کوئی ربط نہ تھا۔ ہاتھ، پاؤں، ٹانگیں، کولہے، اور پیٹ، چھاتیاں سب الگ الگ سے تھے۔

میں نے بارگاہِ خداوندی میں ہاتھ اٹھائے: "وہ چیز، وہ کیمیا یا وہ خوشی، یا وہ درد، یا وہ احساس جو انگ انگ میں ربط پیدا کر سکتا ہے، میرے پاس نہیں ہے۔ میں خود نامراد ہوں۔ میری اپنی زندگی بکھری ہوئی ہے۔ . . میں ایک معمولی آدمی ہوں۔ جو نہ اپنی مرضی سے پیدا ہوا ہے نہ مرتا ہے . . . . جس کی لاش میں خود کندھے پر اٹھائے برسوں سے بھٹک رہا ہوں، تھک چکا ہوں، نڈھال ہو چکا ہوں۔ اب مجھ سے کوئی اور بوجھ نہ ڈھویا جائے گا۔ . . خدایا! مجھے نجات دے، مجھے معاف کر . . .

"مجھے دارو منگوا دو . . ."

"تم تو پہلے ہی بہت پی چکی ہو۔"

"تھوڑی سی اور پیوں گی . . ."

"تو منگوا لو۔"

اس نے ایک گھونٹ میں گلاس خالی کر دیا —— اور یہاں وہاں بکھرا پڑا اپنا انگ انگ سمیٹ، گٹھری بن، بستر پر دراز ہو گئی۔

شاید وہ مجھ سے زیادہ پریشان تھی، شاید وہ مجھ سے زیادہ تنہا تھی۔

میں نے ذرا اس کے جسم کو چھوا تو وہ تڑپ اٹھی جیسے اس کے جسم پر چھالے پڑے ہوں۔

اس نے کہا کہ میں اس کی جلد پر تھوڑا سا پاؤڈر چھڑک کر آہستہ آہستہ اسے سہلاؤں —— اس کی جلد چٹخ رہی تھی۔ اور میں شاید کسی خدا کسی دیوتا کی طرح اپنے اس بندے کو بڑی رحمت، بڑے پیار، بڑے رحم سے دیکھ رہا تھا —— لیکن میں کہیں زیادہ مجبور تھا، کہیں زیادہ لاچار تھا۔

اسے اپنی ذلت کا احساس تک نہ تھا اور میرا احساس مار رہا تھا۔

صبح ہوئی تو لمحہ بھر کے لیے یوں لگا جیسے وہ چہرہ لوٹ آیا ہے جو برسوں پہلے میں نے صبح کی دھوپ میں گلی سے گزرتے ہوئے دیکھا تھا۔

اس نے کہا: "پھر کبھی آؤ گے . . میں اتنی بری نہیں ہوں . . ."

میں نے کہا: "دعا کرو، کبھی نہ آؤں . . میں غم برداشت نہیں کر سکتا . . ."

وہ میری بات بالکل نہیں سمجھی۔

میں یوں چل رہا تھا جیسے اپنا کچھ کہیں چھوڑ آیا تھا۔

فعادی جین کے ساتھ میں شراب پی رہا تھا، بہت پی چکا تھا اور بہت خوش تھا۔ وہ سات سال پہلے کا واقعہ سنا رہا تھا جب ہم سڑکوں پر رات گئے ساتھ ساتھ گھوما کرتے تھے۔

میں کہ اپنا کچھ کہیں چھوڑ آیا تھا، اچانک مجھے خیال آیا کہ میں اس آدمی کا نام بھی نہیں جانتا —— میں شرمندگی کے احساس سے خوفزدہ ہو گیا۔

میں سات برس لمبی چوڑی خلیج پاٹنا چاہتا تھا، سات برس ادھر جا کر آواز دینا چاہتا تھا لیکن ——

شرمندگی، خوف، اذیت ———— سب کا نشہ ہرن ہوگیا۔
چوراہے پر ایک ہجوم تھا ———— ملے جلے چہرے، ملے جلے جسم۔ کوئی میری طرف نہیں دیکھ رہا تھا: کس کو آواز دوں، کس کو پکاروں . . .
وہ کہہ رہا تھا، اس کی بیوی جاہل ہے، بدتمیز ہے اور ہر روز جھگڑا کرتی ہے . . .
وہ میری طرف دیکھ رہا تھا کہ میں اس کی بات سن بھی رہا ہوں یا نہیں۔
میں بے حد خوفزدہ تھا ———— وہ مجھ سے مخاطب تھا اور میں خاموش تھا۔
میں اُسے پہچان بھی نہ سکا تھا، اس کا نام بھی یاد نہ کر سکا تھا۔
میں شرمندگی اور اذیت کی شدت میں اپنا نام بھی بھول چکا تھا۔

بوگن وِلا کے پھول

وہ پرچھائیں کی طرح سیڑھیاں پار کرتی جب ٹیرس پر پہنچتی تو دھوپ کی تیز کرنیں اس کے جسم پر پڑتیں۔ وہ گوشت پوست کا ایک وجود بن جاتی ——— ایک عورت بن جاتی۔

وہ دہلیز پر ایک لمحہ رکتی، مسکراتی اور چارپائی کے سرہانے سنگِ مرمر کے ٹھنڈے صاف ستھرے فرش پر بیٹھ جاتی ——— یہ اس کا معمول تھا۔

کلپنا کو ناول پڑھنے کی عادت تھی۔ ہندی کے جدید ناول تو اس نے نہ پڑھے تھے لیکن اس کا کلاسیکی ادب کا مطالعہ اچھا تھا۔ بنگال کے شرت بابو اسے بہت پسند تھے۔ ان کے کرداروں کا ذکر وہ اکثر کرتی تھی۔ اس کی ایک اور عادت بھی تھی، وہ کوئی ناول پڑھنے کے بعد وہ ناول کے اسی ماحول میں جینے کی کوشش کرتی۔ طلسم کئی دن چھایا رہتا اور ایک دن جب حقیقت جادو کا ماحول بکھرا دیتی، خوابوں کا آئینہ چکنا چور کر دیتی تو کلپنا حیران ہو جاتی اور دیکھتی رہتی، ایسا کیوں ہو رہا ہے۔

لیکن نہ وہ آنسو بہاتی اور نہ ہی حقیقت پر یقین کرتی۔

یوگیش کو وہ کئی ناموں سے پکارتی: یوگ . . . یوگی . . . یوگیش . . .

یہ بہت دنوں کے بعد کی بات ہے۔ جب وہ متعارف ہوئی تھی تو اسے "یوگیش جی!" کہہ کر پکارا کرتی تھی، وہ

جب وہ اُسے سجانے لگی تھی تو ہنس کر کہتی: "تم یوگی نہیں ہو، بھوگی ہو۔ ۔ ۔" وہ خود نام گڑھتی، خود جھٹلا دیتی۔ خود احساس کو جنم دیتی اور پھر خوفزدہ ہو جاتی۔ خود یقین پیدا کرتی اور پھر کفر سمجھتی۔ پھر وہ حیران ہو کر دیکھتی رہتی لیکن آنسو نہ بہا پاتی۔

کلپنا نے پرچھائیں کی طرح سیڑھیاں پار کیں، دھوپ میں ذرا ٹھہر کر گرمی محسوس کی، دہلیز پر ذرا رکی اور پھر چارپائی کے سرہانے بیٹھ گئی۔

یوگیش تکیے پر سر رکھ کر چھت کو تک رہا تھا۔ اُسے اُمید تھی کہ کلپنا آئے گی حالانکہ اُس نے آنے کا وعدہ نہ کیا تھا۔

کلپنا نے اپنی ٹھوڑی اُس کے منہ کے قریب تکیے پر رکھ دی اور سرگوشی کے لہجے میں بولی: "معلوم ہے، انھوں نے کل مجھے گھر پر بلایا تھا۔"

"تمھارا مطلب گوردھن سے ہے؟"

"ہاں!"

"نام کیوں نہیں لیتیں۔ ۔ ۔؟ انھوں سے کیا مراد ہے؟"

"سنو تو!"

"ہاں۔ ۔ ۔!"

"ان کی ماتا جی نے مجھے بہت پسند کیا ہے۔"

"بہو کے طور پر یا ویسے ہی۔ ۔ ۔"

"اب یہ مجھے کیا معلوم۔ ۔ ۔ میں نے انھیں کھانا بنا کر کھلایا ہے۔ ۔ ۔"

"اچھا!"

"۔ ۔ ۔ اور انھیں اچھا لگا ہے۔"

اُس نے جواب نہ دیا۔

وہ پھر بولی: "یوگی۔ ۔ ۔"

"ہاں۔"

"یہ اچھی بات ہے نا!"

"بڑی اچھی بات ہے۔"

"مجھے معلوم تھا، تم یہی کہو گے۔" کلپنا نے اپنا ہاتھ اس کے ریشمی بالوں میں ڈبو دیا۔

کلپنا کی انگلیاں بڑی خوبصورت تھیں۔ دراصل اُس کی پوری شخصیت میں یوگیش کو اُس کی انگلیاں بہت پسند تھیں۔ انگلیوں کے پور جسم کے جس حصے کو چھو جاتے، ایک رشتہ قائم کر لیتے۔

کلپنا دھیرے دھیرے بڑی نرمی کے ساتھ اُس کے بالوں میں کنگھی کر رہی تھی۔ یوگیش کا جسم سونے لگا تھا۔ وہ تڑپ کر بولا: "اپنا ہاتھ ہٹا لو۔ ۔ ۔"

"اچھا نہیں لگتا کیا؟"

"نا!"

"بڑے ناشکرے ہو!"

"کلپنا، تم ایک وعدہ کرو کہ تم۔ ۔ ۔"

"۔ ۔ ۔ کہ میں؟"

"۔ ۔ ۔ کہ تم مجھے کبھی نہیں چھوڑو گی!"

"کیوں؟"

"دیکھو! میں رومانٹک باتوں، ناز نخروں میں یقین نہیں رکھتا۔"

"تم اُجڈ ہو، گنوار ہو۔ ۔ ۔ اور شاعر بھی ہو۔"

"میں جانتا ہوں، میں کیا ہوں۔ اسی لیے تم سے کہہ رہا ہوں۔ سنو! جب کوئی لڑکی مجھ سے واسطہ رکھنا چاہتی ہے تو سب سے پہلا خیال جو میرے دماغ میں آتا ہے، یہ ہوتا ہے کہ وہ میرے ساتھ سوئے۔ ۔ ۔"

"تم بہت گندے ہو۔" کلپنا نے فوراً اپنا ہاتھ کھینچ لیا۔

"میں پتھر تو ہوں نہیں۔ ۔ ۔ تم مجھے نہیں چھوڑو گی، میرا جسم میرے اختیار میں رہے گا۔ اور جو تم نے مجھے ذرا چھوا، میرا جسم تپنے لگے گا۔ ۔ ۔ بے قابو ہو جائے گا۔"

تھوڑی دیر کے بعد کلپنا چلی گئی۔

صبح سے وہ دونوں بھٹک رہے تھے ——— کلپنا یکایک رکتی، پھول توڑتی، گوردھن کو دکھاتی: "کیسا ہے۔ ۔ ۔؟"

"بڑا سندر ہے۔"

"تمھیں پسند ہے؟"

"مجھے ہر وہ چیز اچھی لگتی ہے، جو تمھیں پسند ہے۔"

کلپنا کبھی پھول اُس کے حوالے کر دیتی، کبھی بالوں میں ٹانک لیتی۔

اپریل کی دوپہر تپتی جا رہی تھی۔ دونوں کا جسم آنچ ہو رہا تھا۔ ہونٹ مرجھا گئے تھے۔ چہروں پر پسینہ جم گیا تھا۔ ایک آدھ ہوا کا جھونکا آتا تو وہ ایک گہرا سانس لیتے۔ گرمی سے وہ ایک طرح کی بے چینی محسوس کر رہے تھے۔ دونوں خاموش تھے، اور اس بے کیفی کی خراش کو بھی سمجھ رہے تھے۔

یہ سارا علاقہ گوردھن داس کے والد کا تھا ——— ساتھ میں جھیل تھی۔ اتوار کے دن تو پکنک پارٹیاں آتیں، بلکہ ہفتے کے بیچ کے دنوں میں کبھی کوئی جوڑا یہاں گناہ کی لذت سے آشنا ہو جاتا۔

کلپنا سفید ساڑھی اور سفید بلاؤز میں ملبوس تھی ——— گوردھن نے ململ کا سفید کرتا پہن رکھا تھا جو اُس کی جاگیرداری کے شایانِ شان تھا ——— وہ کلپنا کو اپنا علاقہ دکھانے لایا تھا۔

کلپنا جب جھیل پر پہنچی تو بہت خوش ہوئی۔ اُس نے آنکھوں پر ٹھنڈے پانی کے چھینٹے مارے۔ گوردھن پر بھی پانی اچھالا اور درختوں کے سایے میں لیٹ گئی۔ اُس کا دماغ اس رومانی ماحول میں کھو گیا۔ جب اُس نے پلٹ کر دیکھا تو گوردھن اس کے گالوں پر سانس لے رہا تھا

"تمھیں شرت بابو پسند ہیں نا!"

"بہت!"

"میں نے تمہارے لیے ان کا پورا سیٹ لے رکھا ہے۔"

ابھی مون سون شروع ہونے میں دس پندرہ دن باقی تھے —— گرمی کے سبب جلد چپچپی رہتی۔ اندھیرا ہو جانے پر بھی ہوا میں گرم گرم ذرے اڑتے رہتے کبھی آنکھوں میں چبھتے کبھی جسم سے چپک جاتے۔ ہوا بہنے کا نام نہ لیتی۔ ماحول کسی تنگ گھرانے کے کمرے کی طرح ابلتا رہتا۔

وہ کافی دیر ٹہلتا رہا۔ اس کا جی چاہ رہا تھا کہ دریا کی روانی کے ساتھ بہے . . . شاور کے ٹھنڈے پانی کے نیچے بیٹھ جائے —— لیکن پانی کی یہ فراوانی اسے زندگی بھر نصیب نہ ہوئی تھی۔ وہ ایک گلی سے گزر کر فٹ پاتھ پر بیٹھ گیا اور اپنے آپ سے باتیں کرنے لگا۔

یوگیش: جینے کا کیا لطف ہے . . . ؟

آدمی اس دنیا میں جیئے بھی کیوں . . . ؟

پھر سوالات کا تانتا سا لگ گیا۔

وہ جوان حالات میں شادی کر لیتا ہے اور بچے پیدا کرتا ہے، مجرم ہے . .

تخلیق کی قیمت کیا ہے . . . ؟

ایک گیت لکھنے سے بہتر ہے ایک جرم . . .

نشیلی دوائیں، بے رحم ریوالور، بھوک اور موت . . .

وہ سوچنے لگا: "اس طرح شام نہیں کٹے گی . . ." پھر اسے تین لفظ یاد آئے: یگ . . . یوگی . . . یوگیش . . . اور اسے محسوس ہوا، وہ تنہا ہے، اکیلا ہے —— ایک بار کلپنا نے کہا تھا: "تم مجھے ذرا بھی تو نہیں چاہتے" کلپنا آتی ہے تو خون کی روانی تیز ہو جاتی ہے، جسم کی حرارت احساسات کو جگاتی ہے تھپکاتی ہے، سلاتی ہے . . .

کلپنا نہیں ہوتی تو لہو جیسے رگوں میں تھمنے لگتا ہے . . .

کلپنا اور میرا رشتہ بھی عجیب ہے . . .

وہ شاید مجھے سادھو یا مہاتما سمجھتی ہے . . .

میں اس سے کبھی نہیں ملتا، وہ کبھی ملنے کا وعدہ کر لے تو اس دن وہ آتی نہیں . . .

میں انتظار کرتا ہوں۔ انتظار کے لمحات کچھ اس طرح کاٹتا ہوں جیسے رت جگا ہو اور جب اس کے آنے کی امید نہیں رہتی تو دل چراغِ آخرِ شب کی طرح بجھنے لگتا ہے . . .

اور جب وہ اچانک ہی دہلیز میں قدم رکھتی ہے، میں شکایت بھی نہیں کر پاتا . . .

اس کی رفاقت کے وہ چند لمحے . . .

یوگیش کو محسوس ہوا کہ شام بوجھل ہو رہی ہے۔ وہ اٹھا اور بس میں سوار ہو گیا۔ بس سے اترا تو اپنے ایک دوست کے کمرے میں پہنچ گیا —— اس کا دوست ایک پرانا رسالہ دیکھ رہا تھا۔ کمرے میں کوئی کھڑکی نہ تھی اور روشنی کا واحد ذریعہ بجلی تھی، جو دوپہر کو بھی روشن رکھنا پڑتی تھی۔

اس کا دوست جو ایک میلی سی بنیان پہنے ہوئے تھا، اُسے دیکھ کر مسکرایا۔ تھوڑی دیر تو دونوں خاموش بیٹھے رہے، پھر اس کے دوست نے جیسے کچھ سوچنے سمجھنے کے بعد کہا: "ٹھرا پئیا ہے۔ ۔ ۔!"

"ہاں۔ ۔ ۔" وہ مسکرا دیا۔

اس کے دوست نے چٹائی اٹھائی۔ چند روپے اور کچھ ریزگاری پڑی تھی۔ روپے اور ریزگاری سمیٹ کر اور قمیض پہن کر اس کا دوست اس کے ساتھ باہر نکل آیا۔

جب وہ ٹھرا پی رہا تھا اُسے یوں محسوس ہو رہا تھا جیسے اُس کے جسم میں تانبے کا میل اتر رہا ہے۔ اس کے چہرے پر ٹھنڈے پسینے کے قطرے تھے، سانسوں میں بدمزگی تھی اور سر چکرا رہا تھا۔

ٹھرا پینے کے بعد وہ خاموشی سے سڑکوں پر بھٹکتے رہے اور سوچتے رہے: آج کا آدمی کتنا تنہا، کتنا اکیلا ہے!"

جب وہ تھک گئے تو انھوں نے "فٹ پاتھ ہوٹل" پر کھانا کھایا ——— جب وہ اپنے کمرے کی طرف لوٹ رہا تھا، اس کی آنکھوں میں آنسو تھے: ہائے یہ شام بھی غرق ہوئی۔ ۔ ۔

صبح کلپنا نے اُسے جگایا ——— اس کا بدن پھنک رہا تھا۔ اس نے آنکھوں پر پانی کے چھینٹے مارے، مٹکے کا ٹھنڈا پانی پیا اور آنکھیں کھول کر دیکھا: کلپنا چارپائی کے سرہانے بیٹھی تھی، کبھی کبھی سی، خاموش اور مایوس۔

"کیا بات ہے؟ یوں اُداس کیوں ہو؟"

کلپنا نے کوئی جواب نہ دیا۔

"پھر کوئی حادثہ ہوا ہے کیا؟"

"یوگی!"

"ہاں!"

"لیٹ جاؤ!"

"اسی طرح بیٹھا رہنے دو۔ ۔ ۔ میں تمھیں دیکھنا چاہتا ہوں۔ ۔ ۔"

"یوگی!"

"ہاں!"

"لیٹ جاؤ۔ ۔ ۔"

یوگیش اسی طرح تکیے پر سر رکھ کر لیٹ گیا۔ کلپنا نے اس کے ریشمی بالوں میں اپنی انگلیاں ڈبو دیں۔ اپنی ٹھوڑی اس کے منہ کے پاس رکھ کر سانسوں سے باتیں کرنے لگی۔ بڑی دیر کے بعد بولی: "گوردھن جھوٹا ہے!"

کلپنا بھی عجیب لڑکی ہے۔ اپنی کمزوری کو بڑے مزے سے اپنی خوبی سمجھتی ہے۔ کئی سالوں سے اس کوشش میں ہے کہ کوئی لڑکا اس کے ہاتھ آجائے اور وہ اس سے شادی کرلے ——— پھر لڑکا دو ایک بچے اس کے حوالے کر دے تو اسے تمام زندگی کی قیمت وصول ہو جائے۔

کلپنا کو یقین ہو گیا تھا کہ گوردھن اس سے شادی کرے گا اور وہ ایک بڑے گھر کی بہو بنے گی۔ وہ گوردھن کی ماں کو بھی رشتے کی اسی نظر سے دیکھتی تھی ——— جس دن گوردھن کے بھتیجے کا مونڈن ہونے والا تھا، کلپنا صبح

بھی اُن کے گھر پہنچ گئی تھی۔ دو سو آدمیوں کی دعوت تھی۔ کلپنا گھر کی بہو کی طرح کام میں جُٹی رہی۔ رات کو ٹیرس پر قوالی ہوئی تو وہ رات کے دو بجے تک چائے بانٹتی رہی۔ وہ سمجھتی تھی کہ یہ اُس کا فرض بھی ہے اور حق بھی۔ گوردھن اس دن بے حد مصروف تھا۔ ان کے کرایہ دار، رشتے دار، رئیس، شہر کے مانے ہوئے آدمی، یکے بعد دیگرے آ رہے تھے۔ گوردھن کو ایک ایک آدمی کی خیر و عافیت پوچھنی پڑتی۔ وہ تقریباً دو بجے نہا دھو کر، نیا کرتہ پائجامہ پہن کر ٹیرس پر آیا۔ اس نے منہ میں پان دبا رکھا تھا۔ اس کی آنکھوں میں گو نیند تھی اور جسم میں تھکن مگر وہ ہمیشہ کی طرح صحت مند نظر آ رہا تھا۔

قوالی کے پروگرام کے بعد اُس نے اپنی پرانی جہاز نما سٹوڈ بیکر نکالی اور کلپنا کو گھر چھوڑنے کے لے چلا۔ کلپنا اس کے پاس بیٹھتے ہی کھل اُٹھی تھی۔ وہ بالکل اس کے قریب بیٹھ گئی اور اُسے نہارنے لگی۔

رات السائی ہوئی تھی اور تنہائی کسی رقاصہ کی طرح پائل باندھے چہل قدمی کر رہی تھی۔ ہوا کو شرارت سوجھ رہی تھی اور کسی کمسن پنجابی لڑکی کی طرح ہنس رہی تھی۔ درختوں کے سایے میں پریاں سو رہی تھیں —— گوردھن نے گاڑی کو درختوں کے جھنڈ میں کھڑا کیا، موٹر کے شیشے چڑھائے اور کلپنا کا جسم اپنی بانہوں میں سمیٹ لیا۔ کلپنا اُس کی گود میں پگھل گئی۔

اس کے بعد گوردھن ایک کام سے راجستھان چلا گیا —— جب وہ لوٹا تو کلپنا اُسے فون کرتی مگر کوئی جواب نہ ملتا۔ وہ گوردھن کے گھر جاتی تو وہ موجود نہ ہوتا۔ کبھی دکھائی دیتا تو بہت مصروف دکھائی دیتا —— اس کی ماں کی نظر بھی بدل گئی تھی۔ آخر کلپنا سمجھ گئی کہ گوردھن کو اس سے کوئی دلچسپی نہیں ہے۔

"گوردھن چھوٹا ہے نا یوگی!"

"ہاں"

"میں نے اچھا کیا نا جو اُس کا خیال چھوڑ دیا!"

"بہت اچھا کیا تم نے"

"میرا تو اس میں کوئی قصور نہیں نا!"

یوگیش خاموش رہا۔

"یوگی؟"

"ہاں"

"میرا تو اس میں کوئی قصور نہیں نا؟"

"صرف اتنا کہ . . . کلپنا تم خود غرض ہو اور یہ کوئی برائی نہیں ہے . . ."

"یوگی! میں خود غرض نہیں ہوں"

"تم جھوٹ بولتی ہو اور یہ کوئی برائی نہیں ہے۔"

"تم مجھ سے ناراض ہو یوگی؟"

"نہیں! میں تم سے کبھی ناراض نہیں ہوا"

"پھر اتنے سخت لفظ کیوں کہتے ہو تم؟"

"کلپنا! بازار میں چلتا ہوا کوئی بھی آدمی تم سے اگر یہ کہہ دے کہ وہ تم سے شادی کرے گا تو تم سر بازار اُس کے ساتھ سونے کو تیار ہو جاؤ گی۔"

کلپنا نے ہاتھ کھینچ لیا۔ اُس کے چہرے کا رنگ اُڑ گیا۔

دھوپ سے پیرس تپ گیا تھا۔ گرمی جانوروں کی سانسوں کی طرح جسم کو جلا رہی تھی۔ ہوا کا ایک آدھ جھونکا گزرتا تو ذرا چین پڑتا۔

یوگیش کا جی چاہ رہا تھا کہ وہ پانی کی پھوار میں نہائے اور کاش، اُسے ایک کپ چائے کہیں مل جائے۔ اُس نے کہا: "خلوص، دوستی، محبت، دیانت داری اور ایمانداری کی آج کوئی قیمت نہیں ہے کلپنا۔ ۔ ۔"

کلپنا بڑی دیر تک سوچتی رہی: کہاں خرابی ہے، کون جھوٹا ہے اور کون خود غرض ہے؟ وہ دن بہ دن خوفزدہ ہو رہی ہے۔ ہاں وہ خوفزدہ ہے، اس لیے کہ وہ لڑکی ہے اور اس لیے کہ اس کی عمر میں ہر روز ایک دن کا اضافہ ہو رہا ہے۔

سچا کون ہے، کس کو سوچنے کی فکر ہے؟

یقین و اعتماد رکھنے کی جرأت کس میں ہے؟

وہ کوئی بات نہ سلجھا سکی۔ اُس نے ایک نظر یوگیش کو دیکھا۔ وہ آنکھیں موندے اپنے بے قرار دل پر قابو پانے کی کوشش کر رہا تھا۔ وہ سوچنے لگی: اس آدمی نے مجھ سے کبھی جھوٹ نہیں بولا، کبھی میرا دل نہیں دکھایا۔ اور کبھی ضد نہیں کی۔ یوگیش اچھا آدمی ہے ——— وہ اُٹھی اور اس نے دروازہ بند کر کے چٹخنی چڑھا دی اور یوگیش کے پاس پلنگ پر لیٹ گئی۔ جونہی اس نے یوگیش کا جسم اپنے جسم سے مس کیا، وہ تو آگ تھا۔ ایسی آگ جو اس نے کبھی محسوس نہ کی تھی: یہ تو اس جسم کی دیانتداری ہے۔ یہ جسم خلوص اور محبت کے ترنم سے واقف ہے۔ یہ جسم جھوٹ نہیں بول سکتا ——— یوگیش کی طرح اس کا اپنا جسم بھی اجڈ، گنوار اور شاعر تھا ——— کلپنا مدہوش ہو گئی۔

اُس نے کہا: "یوگیش، مجھ سے شادی کر لو۔ ۔ ۔"

یوگیش نے اپنے گرم ہونٹوں سے کلپنا کے گالوں پر، آنکھوں پر، اور ہونٹوں پر عشق کی عبارت لکھی اور بولا: "تم جانتی ہو۔ میں شادی نہیں کر سکتا۔ شادی کے جو تقاضے ہیں، وہ اس سماج میں پورے نہیں ہو سکتے۔ ۔ میں تم سے کبھی جھوٹ نہیں بول سکتا۔ ۔ ۔" اور اس کا شاعر جسم فوراً بھانپ گیا کہ کلپنا کا جسم ٹھنڈا ہو رہا ہے۔ اس کے جسم کے گلاب بس تھوڑی دیر کھلنے کے بعد مرجھانے لگے ہیں۔

اس نے سوچا: وہ بوگن ولا کے پھول کی طرح ہی دلفریب ہے لیکن اس میں مہک نہیں ہے۔ ۔ ۔ اس کی رگوں میں جھوٹ دوڑ گیا ہے۔ ۔ ۔ اس کا جسم شرمندہ ہو گیا ہے۔ ۔ ۔

کچھ دنوں کے بعد یوگیش نے سنا کہ کلپنا پرائمری اسکول کے ایک ماسٹر کے ساتھ گھومنے جاتی ہے۔ اُسے یقین ہے کہ ماسٹر اس سے شادی کرے گا۔ ۔ ۔ ۔ ۔ ۔

اِندرپرستھ

اُسے یوں لگا کہ لاش اُس کی آنکھوں کے سامنے رکھی ہوئی ہے، لاش بغیر کسی سہارے کے اُس کی آنکھوں کے سامنے ٹکی ہوئی ہے۔ کیفیت کا یہ دوسرا عالم تھا۔ پہلے لاش اور آنکھوں کے درمیان فاصلہ تھا۔ ایک چھوٹی سی سیمنٹ کی سڑک اُس کی آنکھوں کی سیدھ سے نکل کر لاش تک جاتی تھی اور جیسے وہیں ختم ہو جاتی تھی۔ آنکھوں کے اس سرے سے دو چار آدمی اُس سڑک سے بھاگتے ہوئے اُس کے سامنے آئے، تقریباً اُس سے ٹکراتے ہوئے، ٹھہری موڑ میں مڑ کر غائب ہو گئے۔ اچانک اُسے محسوس ہوا جیسے وہ ایک آدمی کو اچھی طرح جانتا ہے۔ اسی لمحے فاصلہ غائب ہوا اور لاش اُس کی آنکھوں کے سامنے لٹکنے لگی۔

اُس کی سب سے پہلی خواہش تھی کہ وہ لاش کو اپنی آنکھوں کے سامنے سے ہٹا دے، کیونکہ دھیرے دھیرے لاش کا وزن بڑھ رہا تھا اور اُس کی گردن خم کھانے لگی تھی۔ اُس آدمی کا نام سوکھے ہوئے پتّے کی طرح اُس کے ذہن کے گدلے تالاب میں تیر رہا تھا۔ وہ جونہی اس پتّے کو گرفت میں لینے کی کوشش کرتا، پتّا ہوا کے جھونکے سے اُڑ کر تالاب کے دوسرے حصے کی طرف چلا جاتا۔ اور جب تک وہ نام نہیں بتا سکتا، لاش وہاں سے ہٹ نہیں سکتی۔ پھر اس نے چاہا کہ چوراہے پر کھڑا ہو کر اس آدمی کا حلیہ بیان کرے —— آنکھوں کا رنگ، جسم کا رنگ، بالوں کا رنگ —— خوش قسمتی

سے آہستہ آہستہ اس کو زنگ سا یاد آنے لگے لیکن جونہی وہ زنگ سے طے کر پایا، اس کے سامنے وہ چاروں آدمی آکھڑے ہوئے۔ اس کے علاوہ دیگر کئی قاتلوں کی تصویریں بھی ابھرنے لگیں، جو مختلف کپڑوں اور وردیوں میں تھے، اور جن کے فوٹو اس نے اکثر اخباروں میں دیکھے تھے۔

اتنی دیر میں اس نے دیکھا، لاش کے ارد گرد کافی بھیڑ جمع ہو گئی ہے۔ لوگ بڑی بے تعلقی سے کھڑے ہیں، کوئی سگریٹ پی رہا ہے، کوئی پان کھا رہا ہے اور پیک دہیں لاش کے پاس تھوک رہا ہے۔ کئی آپس میں گفتگو کر رہے ہیں لیکن آواز سنائی نہیں دے رہی۔ کئی لاش کی طرف پیٹھ کیے کھڑے ہیں اور مخالف سمت کی طرف دیکھ رہے ہیں لیکن ان سب کی آنکھوں میں بے چارگی تھی، درد تھا، اکتاہٹ تھی۔ اور پھر اسے اچانک یاد آیا کہ اسے ہمیشہ کی طرح وہائٹ ہاؤس پہنچنا ہے۔

وہائٹ ہاؤس کی یاد آتے ہی جیسے لاش غائب ہو گئی۔ آنکھوں کے سامنے خون کے سرخ سے دو دھبے رہ گئے۔ اسے کافی تسکین کا احساس ہوا۔ اس نے سوچا روز کی طرح وہ بھاگ کر گاڑی پکڑے گا، پھر بس اور ذرا سا پیدل چل کر وہ وہائٹ ہاؤس کے گیٹ کے سامنے کھڑا ہو جائے گا۔ ہو سکتا ہے کہ وہ نام بھی اسے یاد آ جائے اور خون کے وہ دھبے بھی اس کی آنکھوں کے سامنے سے غائب ہو جائیں۔

وہائٹ ہاؤس کی عمارت آسمان کو چھوتی تھی۔ اس کا ایک سرا زمین میں گڑا تھا۔ ایک آسمان کی طرف نکلتا ہوا غائب ہو جاتا تھا۔ زمین میں کتنا گڑا تھا، کسی کو معلوم نہ تھا اور آسمان کی طرف دیکھتے ہوئے آنکھیں چندھیا جاتی تھیں۔ ایک دن اس میں کام کرنے والوں نے چلتے پھرتے ہوئے سوچا کہ وہ ایک ساتھ مل کر اس کی بنیادوں کو ہلا دیں لیکن اس دن پتہ چلا کہ وائٹ ہاؤس وہائٹ ہاؤس ہی نہیں ہے، ایک قلعہ ہے جس کی حفاظت پولس اور فوج کرتی ہے۔ بس، اس دن ان کے حوصلے پست ہو گئے لیکن یہ خیال اس کے ذہن میں اب بھی ابھرتا ہے۔ جب وہ گھر پر ہوتا ہے تو یہ خیال کافی تقویت پاتا ہے۔ اس کی ذات کے ساتھ دوست، یار، ہمراز، ہمسائے سب اس کی حمایت کرتے ہیں۔ لیکن جوں ہی وہ وہائٹ ہاؤس کے گیٹ پر پہنچتے ہیں اور ایک لفٹ میں بیٹھتے ہیں جو کسی دیو کی طرح گرجتی ہوئی ان کو مختلف منزلوں پر پھینکتی ہوئی نکل جاتی ہے تو وہ خیال ذہن کی سطح پر سو جاتا ہے۔ وہ دوست، یار، ہمزاد، ہمسائے، سب غیر لگتے ہیں اور ہر آدمی ایک دوسرے پر شک کرنے لگتا ہے۔

وہائٹ ہاؤس میں کام کرتے ہوئے وہ لاش کی بات تقریباً بھول سا گیا۔ روز کی طرح اسے کئی نقطے، کئی ہندسے لکھنے پڑے اکثر جن کا مطلب اس کی سمجھ میں نہ آتا تھا۔ یہ ہندسے کہاں سے آتے ہیں، کہاں جاتے ہیں، کس کام آتے ہیں۔ یہ زبان کس نے بنائی ہے، وہ زبان جو کوڈ کی طرح کام کرتی ہے۔ اس مزدوری، اس محنت کا کیا فائدہ ہے۔ بس ذرا سی اجرت جس نے اسے اپنے تین غلیظ بچوں سے جوڑ رکھا ہے۔ اس کی بیوی جو بیوی نہ رہ کر، روزمرہ کی ضروریات کی ایک فہرست ہے۔ ماں باپ جو بھوت پریتوں کی طرح رات رات بھر تاریک سے کمرے میں گشت لگاتے ہیں۔ پھر وہائٹ ہاؤس کا ماحول جو ذہن کی ساری سوچ کو غائب کر دیتا ہے۔ ایک نشہ، افیون کا سا نشہ، چھا جاتا ہے۔ طاقت سلب ہو جاتی ہے۔ حرکات، سکنات مشینی ہو جاتی ہیں۔ ذہن ہر بات کی تکمیل کرنے لگتا ہے۔ کوئی ایک دوسرے کی آواز نہیں سن سکتا۔ باہر کی آوازیں دفن ہو جاتی ہیں۔ زندگی کی جد و جہد سے کوئی تعلق نہیں رہتا۔ آنکھوں کے سامنے سفید سفید روشنی کے دھبے ابھرتے ہیں۔ باقی سب اندھیرا ہوتا ہے۔ آدمی اس روشنی کے دھوپ میں کوڈ کے سہارے کام کرتا ہے —— اس فضا میں جونہی وہ نام یاد کرنے کی کوشش کرتا، اس کے گلے میں خشکی سی چھا جاتی جیسے کوئی گلا گھونٹ رہا ہو، آنکھیں باہر آ رہی ہوں اور اجرت کے وہ کاغذ کے نوٹ اس کے سامنے سے گزرنے لگتے، اس سے دور، اس کی گرفت سے دور ہونے لگتے —— اس نے نام یاد کرنے کی دوبارہ سعی نہ کی۔ وہ خوفزدہ ہو گیا۔

وہائٹ ہاؤس کی لفٹ نے دندناتے ہوئے انھیں باہر پھینک دیا۔ اب شام ہو چکی تھی۔ سورج مشرق سے مغرب کی طرف پہنچ چکا تھا یا مغرب سے مشرق تک، کوئی فرق نہیں پڑتا لیکن باہر کی تازہ ہوا سے اس کی کھوئی ہوئی طاقت دوبارہ واپس آنے

لگی۔ خون کی رفتار سنبھل گئی۔ سانسوں کا سلسلہ ذرا سنبھل گیا۔ نسیں ڈھیلی پڑ گئیں۔ روشنی کے دھبے وسیع ہو گئے۔ اور فوراً ہی اُسے وہ نام یاد آ گیا۔ قاتل کا نام، جس نے کسی سے مل کر سرِ عام ایک معصوم آدمی کا قتل کیا تھا۔ اب اُس کی آنکھوں کے سامنے نہ تو لاش لگی تھی اور نہ ہی خون کے دھبے تھے، بلکہ اُن آدمیوں کی مکروہ صورتیں تھیں۔ اور غصہ اُس کے بدن میں رفتہ رفتہ سرایت کر رہا تھا۔ وہ لپک کر پولیس اسٹیشن کی طرف بڑھا۔

اس کی حیرانی کا کوئی ٹھکانہ نہ رہا جب اس نے اس آدمی کو پولیس کی وردی میں دیکھا۔ وہ آدمی ہاتھ میں رائفل لیے پولیس اسٹیشن کے گیٹ پر چہل قدمی کر رہا تھا اور مستی میں سیٹی بجا رہا تھا۔ وہ خوفزدہ ہو گیا۔ پھر وہ پولیس کا آدمی آگے بڑھا۔ اُس نے اُسے ایک سگریٹ پیش کی۔ پھر اُس کی سگریٹ سلگائی۔ جونہی اس نے سگریٹ کا ایک کش لیا، اس کے ذہن میں دھواں چھانے لگا۔ اُس آدمی نے مسکراتے ہوئے اس کا ہاتھ پکڑا۔ اُسے پولیس اسٹیشن کی طرف لے جانے لگا۔ پولیس اسٹیشن کی سیر کرانے لگا۔ جوں ہی اُس نے اسٹیشن کے اندر قدم رکھا، ایک دھماکے کی آواز سنائی دی جیسے کوئی بہت بڑا گیٹ دھم سے بند ہوا ہو۔ اس نے پلٹ کر دیکھا تو لوگوں کی بھیڑ لگی تھی۔ وہ سب لوگ اُسے واپس بلا رہے تھے لیکن اُن کی آواز اُسے سنائی نہ دے رہی تھی۔ گیٹ پر کچھ نہ ہوتے ہوئے بھی شیشے کی ایک دیوار سی کھڑی ہو گئی تھی جیسے ہوا ہی جم گئی ہو۔ سیڑھیوں کا سلسلہ شروع ہوا۔ زمین! زمین کے اندر زمین!! کمرہ، کمرے کے نیچے کمرہ، سرنگیں گھومتی ہوئی، سلاخیں . . . فرنیچر، چلتا پھرتا فرنیچر۔ آدمی، ایک طرح کے آدمی۔ آوازیں، ٹیلیفون اور تاروں سے نکلتی ہوئی آوازیں، کوڈ، وہائٹ ہاؤس کا کوڈ۔ قید، پنجرے، بہت سے گرفتار آدمی جن کی شکل اس سے بالکل ملتی تھی۔ نام بھی تقریباً وہی تھے۔ اس نے گھبرا کر اُدھر کی منزل سے چھلانگ لگا دی لیکن نیچے نہ گر سکا۔ پولیس کا وہ آدمی مسکرا رہا تھا۔ اس نے انگلی کا اشارہ کیا اور وہ واپس اس کے پاس آ گیا، پھر اس نے آہستہ سے اُس کے کانوں میں کہا: "میں تمہارا دوست ہوں، آشنا ہوں، تاکہ تم جانتے ہو۔ اس لیے میں تم کو ایک راز کی بات بتاتا ہوں . . . ! اس دیش میں قاتل کا نام کبھی زبان پر نہ لانا۔"

وہ پولیس اسٹیشن کے باہر کھڑا تھا۔ پولیس کے آدمی کی وہ آواز گونج رہی تھی۔

۱۹ر دسمبر ۱۹۶۸ء: اُس نے خبر پڑھی۔ اندرپرستھ میں جلیان والا باغ کا سانحہ دوہرایا گیا۔ ہمیشہ کی طرح معصوم، نہتے لوگوں پر گولیاں چلیں، لاٹھیاں برسیں۔ مظلوم وہی ہیں لیکن ظالموں نے چہرے بدل لیے ہیں۔ قاتلوں کی تصویریں بھی چھپی ہیں۔ زخمی آدمیوں کی شکلیں بھی اُس نے پہچان لی ہیں، وہی جانی پہچانی شکلیں۔ پھر اُسے پولیس کے آدمی کی گونجتی ہوئی آواز سنائی دی: "اس دیش میں قاتل کا نام کبھی زبان پر نہ لانا۔"

اس نے سوچا کہ اندرپرستھ میں اس سے بڑا وہائٹ ہاؤس ہے، اس سے بڑا پولیس اسٹیشن ہے اور اندرپرستھ ہر صوبے میں ہے، ہر قصبے میں ہے، ہر شہر میں ہے۔ ہر گلی سے، کوچے سے قاتل ہنستے ہوئے، مسکراتے ہوئے سامنے سے گذر جاتے ہیں۔ اور عوام اکائیوں میں بٹے ہوئے ہیں۔ کچھ کمیشن، اجرت یا نمک کی فکر میں ہیں۔ ایک دوسرے پر شک کرنے لگے ہیں۔ بے حس ہیں، کسی میں جرأت نہیں، ہمت نہیں، طاقت نہیں، حوصلہ نہیں، ارادہ نہیں کہ قاتل کا نام زبان پر لا سکے۔

اُسے یہ سوچ کر بڑی تسکین ہوئی۔

خالق

ملیریا تو ایک بہانہ تھا۔ ۔ ۔

بے چارہ خشونت سنگھ چارپائی پر یوں پڑا کہ اٹھنے کا نام نہ لے سکا۔ بخار تھا کہ دن بدن آتشیں صورت اختیار کر رہا تھا۔ چند دنوں ہی میں زندگی کے تمام آثار ماند پڑ گئے۔ اس کی بڑی بڑی آنکھوں میں درد سمٹ کر رہ گیا، لیکن مسکراہٹ کی ایک جھلک کبھی کبھی رونما ہو جاتی تھی ——— خشونت سنگھ جانتا تھا کہ اس کی موت متبرک ہے۔

اس کے آخری سنسکاروں میں سارا گاؤں شامل ہوا ——— وہ ایک پردیسی جو کچھ ماہ پہلے وہاں آیا تھا کہ مندر میں مورتی ستھاپت کرے۔ ۔ ۔ گاؤں میں نیا مندر بنے گا! پرانے کھنڈر پر جہاں کٹیا آباد تھی، وہاں اینٹوں کی دیواریں کھڑی ہوں گی؛ عورتوں کے نہانے کے لیے الگ جگہ بنائی جائے گی۔ ۔ ۔ اور نئی مورتی ستھاپت ہوگی ——— خشونت سنگھ کا بلیدان ہو گیا۔ ہنومان کی قربان گاہ پر چڑھ کر وہ امر ہو گیا ——— سارا گاؤں جانتا تھا کہ ہنومان کی مورتی اس شخص پر بھاری ہوتی ہے جو اس کی تعمیر کرتا ہے۔ وہ کبھی نہیں بچ پاتا۔ ہنومان اسے جلد ہی اٹھا لیتے ہیں ——— خشونت سنگھ بارے عقیدت کے سکون سے چل بسا تھا۔

مندر کی تعمیر کے کارن سارے گاؤں میں ہلچل پیدا ہو گئی۔ لوگوں نے کیرتن کرنے شروع کیے، اور گھر گھر سے

دان مانگے جانے لگے۔ مندر کے مہنت نے چند باعزت آدمیوں کو ساتھ لے کر دوسرے گاؤں میں بھی دان بھکشا مانگنی شروع کر دی ——— سیٹھ بہاری لال نے سنگ مرمر کا فرش بنا کر دیا اور مہنت نے فرش پر اُن کا نام کھدوا دیا۔

بہاری لال کے سارے خاندان کے آدمی بجرنگ بلی کے پجاری تھے۔ ان کے دھندے روزگار میں ہنومان کی ہی برکت تھی۔ جب انھوں نے روزگار شروع کیا تھا تو ان کے پاس معمولی پونجی تھی لیکن ہنومان کی دیا سے ان کے دِن پھر گئے ——— وہ تمباکو اور نسوار کا کاروبار کرتے تھے۔ رمضان کے مہینے میں ان کے تمباکو اور نسوار کی بڑی کھپت ہوتی تھی۔ وہ تمباکو کے ذائقے کو بدلنے کے لیے اس میں گڑ ملاتے اور پھر وزن کو بڑھانے کے لیے پانی کا چھڑکاؤ بھی کرتے۔ نسوار میں بھی وہ یہی ڈھنگ اختیار کرتے۔ روزہ کھلنے سے ایک آدھ گھنٹہ پہلے گاہکوں کا تانتا لگ جاتا۔ کسان لوگ اپنی لمبی جیبوں سے کھنکھناتے ہوئے سکے نکالتے ——— چند سالوں ہی میں بہاری لال ہنومان کی دیا سے سیٹھ ہو گئے۔

مندر کے گنبد کو بنانے کے لیے پتھروں کے سینے میں آرے چلنے لگے ——— تمام دن چھینی اور ہتھوڑوں کا گیت پاس کے بہتے ہوئے دریا کے شور میں ڈوبتا رہتا ——— پیپل کے پرانے درخت کے گرد سیمنٹ کی ایک دیوار سی بنائی گئی تاکہ اس بزرگ پیپل کی عمر لمبی ہو اور اس کا سایہ مندر سے نہ ہٹنے پائے۔

لوگ مہنت کی واہ واہ کر رہے تھے۔ اس نے مندر کے لیے ہی جان ایک کر دی تھی ——— وہ تن من سے ہنومان کی سیوا میں مصروف رہتا۔ اس نے ننگے پاؤں پاس پڑوس کے گاؤں گاؤں چھان مارے اور روپیہ اکٹھا کیا۔ یہ مہنت مظلوم اور بے کس، گڑھوال کے پہاڑی علاقوں سے بھاگ کر آیا تھا۔ وہ زندگی سے فرار چاہتا تھا۔ بھوک اور افلاس اس کے پیچھے پیچھے تھے۔ اور وہ بھاگ کر اس بے نام سے گاؤں میں آن پڑا تھا۔ اب اس گاؤں کی سادگی اور خلوص کی حد سے باہر جانا اس کے لیے دوبھر ہو گیا تھا۔ ہر وقت دریا کا رقص اس کے جسم میں ایک جنون سا پیدا کرتا۔ اس کے گیت اس کے کانوں میں شیرینی گھولتے۔ اب وہ محنت کرتا تھا تاکہ مندر پختہ ہو جائے۔ لوگوں میں بھگتی کا جذبہ بیدار ہو۔ وہ ان کے لیے ایک نیا خدا، ایک سیمنٹ کا مضبوط خدا بنانا چاہتا تھا۔ پہلی مورتی تو بس نام کی تھی۔ ہو سکتا ہے کہ خدا اس میں بھی جلوہ گر ہو، لیکن نئی مورتی میں کچھ بانکپن بھی ہوگا، کچھ کشش بھی۔ لوگوں کی رغبت بڑھتی جائے گی۔ پھر وہ فرار کے لیے کہیں دور نہ بھاگے گا۔ اسے زندگی کے لیے ٹکڑے یہیں نصیب ہوتے رہیں گے۔

خشونت سنگھ کی موت نے چند دنوں تک مندر کا کام روک دیا تھا۔ مندر میں عجیب اداسی اور تفکر کا ماحول چھایا ہوا تھا۔ پتھروں کے سینوں پر اب بھی آرے چلتے۔ مزدور اب بھی گیت گاتے لیکن اس پردیسی کی موت اس ماحول پر غالب آ چکی تھی اور پھر مورتی مندر کا دل تھی۔ لوگوں کو مندر سے کوئی خاص لگاؤ نہ تھا بلکہ مورتی سے رغبت تھی۔ اس مورتی کی بنا پر ہی مندر کی اہمیت بڑھی تھی۔ مورتی کی غیر حاضری میں مندر کو کوئی دوسرا نام بھی دیا جا سکتا تھا۔ مندر تو صرف جسم تھا، مورتی اس کا دل تھی۔ اور مورتی ادھوری تھی۔ ابھی مورتی کی تخلیق اور تعمیر کا آغاز ہی ہوا تھا۔

جب یہ کام خشونت سنگھ کے بھتیجے اجاگر سنگھ کو سونپا گیا تو اس کا دل دہل گیا۔ وہ خشونت سنگھ کے ساتھ ہی آیا تھا۔ مندر کے دوسرے کام اس کی سرپرستی میں ہی انجام پا رہے تھے۔ وہ بڑا مستری تھا۔ خود وہ بے پروا، کھلنڈرا، نڈر اور بے باک تھا۔ شام ہوتے ہی وہ دریا پار جا کر مسلمان جوانوں کے ساتھ کبڈی کھیلنے لگتا۔ جب کوئی نہ ہوتا تو ورزش میں

کود تا رہتا۔ اپنے جسم پر ریت پھیرکتا۔ کبھی کبھی سارا جسم ریت میں دفنا دیتا۔ اور پھر جھٹکے کے ساتھ اٹھ بیٹھتا۔ یہ سب بچوں کی حرکتیں کرتے وہ پھولا نہ سماتا تھا۔ دن بھر دوسرے مستریوں کو ساتھ لے کر سکھوں کے لطیفے سناتا اور پھر قہقہے لگا کر ہنستا۔ وہ ہنس مکھ کھلنڈرا جوان تھا لیکن جب یہ مورتی کا بوجھ اس پر آن پڑا تو وہ خاموش ہو گیا۔ اسے معلوم تھا کہ اس کے چچا کی موت صرف اسی وجہ سے ہوئی تھی کہ وہ مورتی بنا رہا تھا۔ ملیریا تو ایک بہانہ تھا —— وہ جوان تھا اور مرنا نہ چاہتا تھا۔

لیکن انکار؟ وہ انکار بھی نہ کر سکتا تھا۔ وہ سکھ ہونے کے باوجود ہنومان سے عقیدت رکھتا تھا۔ اس کا سارا خاندان اسی کام میں ماہر تھا، مگر وہ مورتی ستھاپت کرنے نہ آیا تھا۔

خشونت سنگھ کے بعد یہ بوجھ اسے سنبھالنا ہی پڑا۔

یہ وجہ بھی نہیں کہ اسے وہ مہارت حاصل نہ تھی جو خشونت سنگھ کو تھی۔ اس کے ہاتھ میں تو سب سے زیادہ صفائی تھی لیکن وہ نہایت بے پرواہ واقع ہوا تھا، اور پوتر کاموں میں بے پرواہی کی گنجائش نہیں ہوتی؛ اسی لیے خشونت سنگھ نے وہ کام خود سنبھالا تھا اور دوسرے کام اجاگر سنگھ کے سپرد کیے تھے —— اب اس متبرک کام سے انکار کر دینے کی تاب اجاگر سنگھ میں کہاں تھی۔ دیوی دیوتاؤں سے اس طرح ٹھکرایا جانا آسان بھی نہیں۔ وہ کیا نہیں کر سکتے۔ انسان کن غاروں میں جا کر ان کے قہر سے بچے گا۔ انسان تو فقط کھلونا ہے جو دیوتاؤں کی خوشی کے لیے بنا ہے —— کھلونوں کو توڑنا پھوڑنا ان کے ہاتھوں میں ہے۔ چنانچہ منگل کے دن کیرتن شروع ہوئے۔ پرشاد بانٹا گیا۔ اجاگر سنگھ نے ہنومان کے قدموں میں سر جھکایا۔ ان سے شکتی مانگی کہ وہ کام پورا کر سکے؛ اپنے ناچیز اور گنہگار ہاتھوں سے وہ پوتر کام کر سکے جس کے آگے دنیا سر جھکائے گی۔

اجاگر سنگھ صبح کاذب کے وقت اٹھتا۔ دریا سے نہا کر ہنومان کے پاٹھ میں لگ جاتا۔ اس نے ان ہی دنوں میں ہنومان چالیسہ خریدا جو اردو میں چھپا ہوا تھا۔ گو وہ کسی سطر کا مطلب بھی سمجھنے سے قاصر تھا لیکن مطلب سے کیا لینا دینا! یہ تو عقیدت ہوتی ہے جو کارگر ہوتی ہے۔ وہ پانچ بار ہنومان چالیسے کا پاٹھ کرتا تھا اور پھر پرارتھنا کرتا اور اپنی زندگی کی دعا مانگتا کہ وہ زندہ رہنا چاہتا تھا۔

اجاگر سنگھ نے خشونت سنگھ کے بنائے ہوئے چوکھٹے میں سیمنٹ بھرنا شروع کیا۔ پھر اس نے سر بنایا۔ اپنی دست کاری سے اس میں وہ جذبہ ابھار لایا جیسے وہ مورتی بھگتوں کے دکھوں سے پگھل رہی ہو۔ اس کے بعد اس نے ہاتھ بنائے۔ پھر جسم کے دوسرے حصے۔ ایک ہاتھ پر اس نے پہاڑ ٹھہرا لیا —— اجاگر سنگھ جب سیمنٹ لگاتا تو اس کا سارا جسم کانپ رہا ہوتا۔ ایک خوف اور دہشت سے وہ تھرا رہا ہوتا —— مورتی بنتی جاتی اور وہ محسوس کرتا جاتا کہ اس کی موت قریب آ رہی ہے۔ رات کو خواب میں بھی وہ مورتی جیسے تانڈو ناچ ناچ رہی ہوتی۔ لنکا جیسے جل رہی ہوتی اور ہنومان جیسے اپنے بھیانک جبڑے کھولے قیامت مچا رہے ہوتے۔ وہ دہشت کے مارے اٹھ بیٹھتا۔ اس کا جسم پسینہ پسینہ ہو جاتا اور اس کے لب دعا کے لیے خود ہی پھڑکنے لگتے۔

گاؤں کے کئی آدمی اس کے پاس آتے، خلوص اور محبت جتاتے۔ وہ اسے بہلانے کی کوشش کرتے، اس کا دھیان دوسری باتوں میں لگاتے کہ وہ بھیانک سایہ جو اس کی روح پر طاری ہے، اس کا اثر کم ہو جائے۔ اجاگر سنگھ ان آدمیوں سے گھبرا ہوا اپنے آپ کو بے بس پاتا اور بے یقین۔ کبھی کبھی اس کا جی چاہتا کہ وہ اس قید و بند سے بھاگ نکلے۔ لیکن کہاں؟ کون سی جگہ ہے جو بھگوان کی پکڑ سے باہر ہے۔ وہ تڑپ کر سر پکڑ لیتا۔ اور جب گاؤں کے آدمی لوٹتے وقت رحم کی نظروں سے اسے دیکھتے تو وہ اپنی آنکھیں بند کر لیتا۔ وہ محسوس کرتا جیسے وہ بخار میں پھنک رہا ہو۔

رات کی خموشی میں دریا اپنے نغمے بکھیرتا رہتا، دریا کی لہریں چٹانوں کی چھاتیوں پر رقص کرتی رہتیں —— پہاڑی دریا ٹھہراؤ نہیں چاہتا۔ وہ چاہتا ہے کہ چٹانیں اس کی راہ میں حائل ہوں، وہ ان کے ساتھ اپنا سر ٹکرائے، گیت الاپے۔ اُسے اپنے بہاؤ پر اعتماد ہے؛ اس کی روانی کوئی نہیں روک سکتا . . .

مندر کے قریب کی پن چکیاں بند ہو گئی تھیں۔ خاموشی میں صرف درخت خاموش تھے اور لرز رہے تھے چاروں طرف مینڈکوں اور کیڑوں کی آوازیں پھیلی ہوئی تھیں۔ پیپل کے پتے جیسے مارے خوف کے زبانیں نکالے سانس لے رہے تھے۔

اجاگر سنگھ سو نہ سکا۔ اس نے سوچا کہ وہ بزدلی سے نہ جی سکے گا؛ اگر اُسے مرنا ہی ہے تو مورتی مکمل کرنے کے بعد ہی کیوں، وہ ابھی جان دے دے، مورتی مکمل ہوتی رہے گی . . .

خوف اور غصے سے اس کا سارا جسم کانپ رہا تھا: وہ اس خوف کا مقابلہ کرے گا . . . بچپن میں بھی اس نے ایسا ہی کیا تھا —— اس کے دوست بھوتوں کے نام سے اُسے ڈرایا کرتے تھے اور وہ ایک دن آدھی رات کو بھوتوں سے نپٹنے نکل پڑا تھا —— آج وہ ایک اور بھوت کا مقابلہ کرے گا؛ اس عذاب سے وہ چھٹکارا پا کر ہی رہے گا۔

اجاگر سنگھ مہنت کو سوتا چھوڑ کر کمرے میں داخل ہوا۔ وہ بڑی مضبوطی سے قدم بڑھا رہا تھا۔ اس کا ارادہ پیچھے مڑنے کا نہیں تھا —— جب وہ مورتی والے کمرے میں پہنچا تو اس نے دیکھا گھی کے دیے جل رہے ہیں —— اس روشنی میں نامکمل مورتی اس کے ہاتھوں کا انتظار کر رہی تھی، مکمل ہونے کا انتظار کر رہی تھی۔

اجاگر سنگھ کے لبوں پہ مسکراہٹ پھیل گئی۔ یہ فتح کی مسکراہٹ تھی۔ اس کے پاس ہی سیمنٹ پڑا تھا۔ پانی کا ایک کنستر بھی بھرا پڑا تھا اور وہ اوزار بکھرے ہوئے تھے جن سے وہ سیمنٹ لگاتا تھا۔ مگر وہ مورتی بنانا بند کر دے تو مورتی ادھوری رہ سکتی ہے۔ وہ ہنس پڑا۔ اچانک ایک زوردار قہقہہ اس کے خوف کی سرحدوں کو چھوتا ہوا فضا میں بکھر گیا۔

اس کے ہاتھوں کا کمال دیکھ کر سارا گاؤں حیران ہو رہا تھا۔ مورتی کو دیکھنے آس پڑوس گاؤں سے لوگ آرہے تھے، لیکن اجاگر جوں جوں مورتی بنا رہا تھا، اس کا خوف کم ہوتا جا رہا تھا۔ وہ دہشت جو اس نے پہلے دن محسوس کی تھی، اب غائب ہو گئی تھی۔ صرف موہوم سا ڈر بلکہ ایک شک سا رہ گیا تھا۔ خشونت سنگھ تو صرف خاکہ بنا کر چلا گیا تھا، اجاگر سنگھ نے تو اس کے وجود کو پیدا کیا تھا، لمبائی چوڑائی میں مورتی کا تقدس پیدا کیا۔

اجاگر سنگھ کے لیے گاؤں کے مختلف گھرانوں سے پوتر بھوجن بن کر آتا —— پوتر کام کے لیے پوتر بھوجن چاہیے؛ پوتر وچار چاہئیں —— اجاگر سنگھ حیران ہو رہا تھا کہ کل دیوار پر صرف ایک خاکہ تھا؛ اس کے ہاتھوں نے سیمنٹ لگا کر ایک مورتی بنا ڈالی تھی جو پرانی روایتوں، پرانے خوف، پرانے عقیدوں اور پرانی دہشتوں کی مورت ہے اور دنیا اس کے سامنے سر جھکا رہی ہے۔

مورتی مکمل ہوئی تو اس پر سیندھور کا رنگ چڑھایا گیا۔ اس دن مندر میں سارے گاؤں کا بھوج تھا۔ پنڈتوں نے آکر وہاں پاٹھ کرنا شروع کیا، پھر کیرتن شروع ہوا۔ عورتوں نے بھی کیرتن کیا —— مندر میں چہل پہل تھی۔

اور ادھر بخار کی وجہ سے اجاگر سنگھ کا جسم لوہے کی طرح تپ رہا تھا۔ اس کی آنکھوں میں سوجن ابھر آئی تھی بخار کی وجہ سے اس کی آنکھوں سے شعلے نکل رہے تھے۔ سارے گاؤں میں یہ بات مشہور ہو گئی تھی کہ اجاگر سنگھ بھی

ہنومان کا بلیدان دے گا۔ لوگ اس آدمی کے درشنوں کو آرہے تھے جس نے پورا کام کیا تھا اور ایسی مورتی ستھاپت کی تھی کہ لوگ حیران ہو رہے تھے ——— ہر آدمی مورتی کو دیکھ کر تذبذب میں پڑ جاتا: یہ مورتی ہے یا خود ہنومان جی سنجیونی بوٹی کا پہاڑ لیے جا رہے ہیں اور بھگتوں کی فریاد سننے کھڑے ہو گئے ہیں ——— ہنومان کی اتنی خوبصورت

پرتما کا خالق کبھی زندہ نہیں رہ سکتا۔ بھگوان انسان کو جنم دے سکتا ہے اور وہ انسان جو بھگوان کو جنم دے، کبھی نہیں بچ سکتا ——— تمام لوگ بڑی حسرت سے اجاگر سنگھ کو دیکھ رہے تھے۔

لیکن شام ہوتے ہی اجاگر سنگھ کا بخار کم ہو گیا۔ دوسری صبح کو بخار کے ملنے سے پہلے ہی اجاگر سنگھ نے بازار جا کر ہادرمی کی کونین کھائی اور دوپہر کو چھت پر جا کر گنا کھانے لگا ——— لوگوں کی خوشی کا ٹھکانہ نہ تھا۔

اسی دن دوسرے گاؤں کے آدمی اس کے پاس آئے کہ وہ ان کے گاؤں میں بھی جا کر مورتی ستھاپت کرے اجاگر سنگھ ان کی عقیدت دیکھ کر مسکرا دیا ——— پانی اور سیمنٹ سے وہ ایک اور خدا پیدا کرے! اس خوف، اس جہالت، اس غلط فہمی کو پھر دہرائے ——— اس نے سن رکھا تھا کہ قدیم زمانے میں لوگ جس چیز سے خوف زدہ ہوتے تھے، اس کی پوجا شروع کر دیتے تھے: خدا خالق نہیں ہے، انسان خالق ہے... اس نے انکار کر دیا۔

وہ ایک اور خدا کو جنم نہیں دے گا۔

نوحہ گر

جنازے کے بعد پانچوں الگ الگ سڑکوں پر چلنے لگے۔ پانچوں کی شکل و صورت ایک جیسی تھی۔ چہرے زندگی کی دھوپ سے کالے پڑ گئے تھے۔ خط و خال دنوں کو جمع کر کر کے غائب ہو چکے تھے۔ خیالات بھی ایک جیسی پریشانیوں کی وجہ سے ایک جیسے ہو گئے تھے۔ صبح سب کو ایک ساتھ جاگنے کا خیال آتا۔ دوپہر کو ایک ساتھ کھانے کا۔ باقی ضروریات بھی ایک طرح ہی پوری کرتے۔ اکثر وہ بات چیت کم کرتے کیونکہ سب ایک دوسرے کے دلوں سے واقف تھے۔ نئی بات پیدا ہونے کی گنجائش نہیں تھی، اور جب ایک آدمی بات کرتا تو باقی اسی ٹیپ کو سنتے رہتے۔

وہ پانچوں کھدر کے سفید کرتوں اور سفید پاجاموں میں ملبوس تھے۔ شام کی دھوپ میں ان کی کالی پرچھائیں چپتی ہوئی گرد آلود سڑک پر گڈمڈ ہو کر دھیرے دھیرے رینگ رہی تھیں۔ مخالف سمت سے آتی ہوئی موٹروں، رکشوں، بسوں، آدمیوں کی پرچھائیاں ان کی پرچھائیوں کو مس کرتی ہوئی بغیر کوئی تاثر چھوڑے آگے بڑھ رہی تھیں۔ ہارن اور اس طرح کی کچھ آوازیں فضا میں ابھر رہی تھیں، ورنہ خاموشی تھی اور ان آوازوں کی کوئی اہمیت نہ تھی —— سب نے ایک ساتھ محسوس کیا کہ وہ مرنے والے کی لاش اٹھائے پھر رہے ہیں۔ کسی نے اس کا ہاتھ تھاما ہوا ہے، کسی نے سر، کسی نے ٹانگیں، کسی نے دھڑ۔ سب مرنے والے کی صورت بھلانے لگے۔ اسی کوشش میں ان کے منہ کا

ذائقہ کسیلا ہو گیا۔ انھیں لوبان اور کافور کی بو آنے لگی۔ اس میں ان کے اپنے پسینے کی بو بھی شامل تھی۔
دھیرے دھیرے ان کے سر اس لاش کے بوجھ سے جھکنے لگے، کندھے دبنے لگے اور کمر خم کھانے لگی۔ آنکھوں میں اندھیرا دھوئیں کی طرح شکلیں بنانے لگا۔ چال میں لڑکھڑاہٹ آ گئی اور وہ ایک ساتھ ہانپنے لگے۔ اس اثر سے بچنے کے لیے انھوں نے ایک ریزولیوشن پاس کیا:

ہم اپنے ساتھی کی بے وقت موت پر رنج و غم کا اظہار کرتے ہیں۔ مرحوم نے اپنی تحریروں سے زندگی اور ادب کی راہوں کو روشن کیا۔ اس کی موت سے ہمارے ادب کا ایک ناقابلِ تلافی نقصان ہوا ہے۔ وہ ہم میں نہیں رہا لیکن اس کی یاد ہمارا بیش بہا ورثہ ہے جو آنے والی نسلوں کی رہنمائی کرے گا۔ اس کی موت کا ذمہ دار ہمارا یہ نظامِ معاشرت ہے جس میں زندگی سے محبت کرنے والے ادیبوں کے لیے کوئی جگہ نہیں ——— وہ ادیب جو زندگی کو خوشگوار بنانے کی تمنا میں اپنی حیات کے بہترین لمحے نذر کر رہا تھا، اسے اپنے جائز حق سے محروم رکھا گیا۔ المیہ ہمارے دور کا سب سے بڑا المیہ ہے۔

اس ریزولیوشن کے بعد وہ کافی دیر خاموشی سے چلتے رہے۔ تھوڑی دیر کی خاموشی روایتی طور پر لازمی بھی تھی۔
پانچوں ایک دلدل کے گرد چوکڑیاں مار کر بیٹھ گئے۔ دلدل میں بلبلے اٹھ رہے تھے اور آواز پیدا کر رہے تھے۔ انھوں نے ہر آواز کے درمیانی وقفہ کو محسوس کیا، اور تھوڑی دیر میں اس کی لے ذہن میں بسا لی۔ اب وہ بہت خوش تھے، جیسے جل ترنگ بج رہا ہو۔ دلدل میں لاروے کلبلا رہے تھے اور ایسے سوراخ بن رہے تھے جیسے اپنے گھر تعمیر کر رہے ہوں۔ ان کی محنت اور لگاتار کوشش سے وہ بے حد متاثر ہوئے۔ دلدل کی بو سے بھی وہ مانوس ہو گئے اور تھوڑی دیر کے بعد وہ بو ان کے ذہنوں میں رچ بس گئی۔
اسے توکب کا مر جانا چاہیے تھا . . . وہ پانچوں ایک دوسرے کی طرف دیکھنے لگے۔
کس نے یہ فقرہ ادا کیا ہے . . . ؟ لیکن وہ فیصلہ نہ کر سکے کیونکہ سب بے تعلقی سے مسکرا رہے تھے، بلکہ اب تو ایسے تیار بیٹھے تھے کہ جیسے اوپیرا شروع ہونے کے منتظر ہوں۔
شراب کے ساتھ چرس اور گانجا بھی چلنے لگے تو . . .

تو آپ کس کو قصوروار ٹھہرائیں گے . . . ؟
ایک پھیپھڑا تو کب کا نکل چکا تھا . . . !
اس پر کوٹھوں کے چکر . . .
یہ فقرے اتنی جلدی بولے گئے تھے جیسے وہ ایک بھاری بوجھ سے سبکدوش ہونا چاہ رہے ہوں۔ انھیں

یہی ڈر تھا کہ وہ چوری کرتے پکڑے نہ جائیں۔ ان میں دلدل میں اُٹھتے ہوئے بلبلوں کی آوازیں بھی شامل تھیں۔ اس کے بعد سب نے ایک دوسرے کی طرف دیکھا جیسے کہہ رہے ہوں: بات کو ٹالا نہیں جا سکتا، ذرا سی ہمت کی ضرورت ہے۔ صاف گوئی کے لیے ذرا سی جرأت چاہیے۔ آخر آدمی کب تک لوبان اور کافور کی بو سونگھ سکتا ہے، نجات تو چاہیے ہی۔ پھر باقی باتیں جو دلدل کے بلبلوں کی طرح جلترنگ کی آوازوں کی صورت ذہن میں پیدا ہوتی ہیں، ان کو لفظوں کی شکل دے کر اس دلدل کی نذر کر دینا چاہیے —— یہ دلدل کے لیے ان کی طرف سے ایک بیش قیمت تحفہ ہوگا . . . اور اس کے بعد وہ اس کارِ نمایاں سے سبکدوش ہو جائیں گے۔

—— وہ کسی واقف کار کی لائبریری میں سب سے قیمتی کتاب دیکھتا تھا۔ اس کے بعد اعلان کرتا تھا کہ اسے کتاب دیکھ کر اس موضوع میں دلچسپی پیدا ہو گئی ہے۔ وہ کتاب بغل میں دبا کر نکلتا تھا۔ کچھ صفحات وہیں بیٹھے بیٹھے پڑھتا تھا۔ خاص طور پر کتاب کی سرخی وہ کئی بار پڑھتا تھا، اور کچھ سطریں ادیب کے بارے میں . . . اس کے بعد اسے یقین ہو جاتا تھا کہ اسے اس موضوع پر کافی عبور حاصل ہو چکا ہے اور پھر وہ مانگی ہوئی کتاب بازار میں بیچ دیتا تھا . . .

—— مرنے سے کچھ ماہ پہلے وہ میرے پاس آیا۔ کہنے لگا: اگر تم بیس روپے ماہوار میرے لیے باندھ دو تو میں بڑے سکون سے کام کر سکوں گا۔ بیس روپوں میں مہینہ بھر ایک وقت روٹی کھا سکتا ہوں اور دو کپ چائے پی سکتا ہوں۔ پھر مجھے کسی چیز کی ضرورت نہیں —— میں نے اسے ایک کپ چائے پلائی۔ وہ اپنے چہرے پر دکھ درد کے آثار بھر لایا حالانکہ میں کافی مضحکہ خیز انداز سے اسے تک رہا تھا۔ میں نے دو چار فقروں میں اپنی مشکلات بیان کیں، ایک سگریٹ اسے پیش کیا اور یوں چلتا کر دیا . . .

—— آخری دنوں میں تو اسے ہر آدمی پر شک ہونے لگا تھا کہ کوئی اسے زہر دے دے گا، کوئی اسے قتل کر دے گا، کوئی اس کے سینے میں چاقو اتار دے گا . . . وہ ہراساں ہراساں گھومتا پھرتا تھا۔

اس کے بعد ان کی یادداشت ختم ہو گئی۔ وہ ایک ساتھ کھڑے ہو گئے —— چند گھڑیاں بڑی اچھی طرح بیتیں، ورنہ ان کی زندگی میں تو کبھی کوئی واقعہ پیش ہی نہیں آتا تھا۔ وہ دلدل کے گرد کھڑے رہے۔ ہر آدمی اس امید میں تھا کہ ان میں سے کوئی ایک اس دلدل میں گر جائے گا اور انھیں ایک اور ریزولیوشن پاس کرنے کا موقع ملے گا —— عام طور پر ان کی زندگی میں تو کبھی کوئی واقعہ پیش ہی نہیں آتا تھا —— بڑی مدت کے بعد ایک واقعہ ہوا اور یوں گذر گیا، اس خیال سے وہ لاش کا بوجھ محسوس کرنے لگے۔ یکایک ان کے کندھے جھک گئے اور وہ ہانپنے لگے۔

شام ہو چکی تھی۔ اب ان کی پرچھائیاں جو دوپہر کے وقت گرد آلود سڑک پر گڈمڈ ہوتی نظر آ رہی تھیں، غائب ہو چکی تھیں۔ ان کے چہرے بھی جو دھوپ سے کملائے نظر آ رہے تھے، تاریکی میں غائب ہو چکے تھے۔ اب وہ لاش اٹھائے اٹھائے تھک چکے تھے۔

آنٹی کے ہاں یسوع اور ورجن میری کی تصویروں کے سامنے شمعیں جل رہی تھیں۔ آنٹی کے بچے دعا کے لیے جھکے ہوئے تھے۔ آخری رسم کی تیاری بھی شروع ہو چکی تھی —— وہ پانچوں اندھیرے میں ایک دوسرے کو دیکھنے کی کوشش کر رہے تھے۔ وہ یہ جاننے کے لیے بے چین تھے کہ دوسرا کیا سوچ رہا ہے؛ اس کے چہرے پر کیا تاثر ہے؛ ایک کو دوسرے سے کوئی خطرہ تو نہیں ہے؟ اگر سب خوفزدہ ہیں تو بچاؤ کے لیے صرف وہی ایک رستہ رہ گیا ہے کہ وہ

آنسو کے شراب کے اڈے میں داخل ہو جائیں۔ ۔ ۔ کیا اس کے سوا کوئی چارہ نہیں؟
پھر وہ سوچنے لگے: شاید شراب کے نشے میں مرحوم کی کوئی بھولی بسری یاد آجائے۔ ۔ ۔ کوشش سے شاید آنکھیں بھی نم ہو جائیں۔ ۔ ۔
پانچوں دائرے میں کھڑے تھے۔ ان کے ہاتھ ان کے سینوں پر رکھے ہوئے تھے۔ سب فیصلہ کر چکے تھے کہ آخری رسم بھی نبھانی ہوگی: شاید لاش کا خوف ہی کم ہو جائے۔ ۔ ۔ اس کے سوا کوئی چارہ نہیں۔
ایک عادت کی طرح ان کی آنکھوں سے اشک رواں تھے، لیکن اندھیرے کی وجہ سے کوئی انھیں دیکھ نہیں سکتا تھا۔
وہ پانچوں شراب کے اڈے میں اس آخری رسم کو نبھانے داخل ہو گئے۔

ہم پیشہ

"سمتی کے پاس چلو گے؟"

"تم عورت بازی کرتے ہو یا پتنی ورتا دھرم نبھاتے ہو؟"

میں خاموش رہا۔

گجندر سمتی کو نہ جانتا تھا۔ کچھ دن پہلے جب وہ مجھے کوٹھے پر لے گیا تھا، اس نے میرے محلے سے ہی ایک لڑکی چن لی تھی۔ اس لڑکی کو میں نے ایک نظر دیکھا تھا۔ لڑکی صحت مند تھی۔ قد بھی اچھا تھا۔ چونکہ گجندر اسے خرید چکا تھا، اس کے بارے میں سوچنا بیکار تھا۔ وہ چوتھے محلے سے میرے لیے سودا طے کرنے آیا تھا۔ میرے حصے میں سمتی آئی تھی۔ گجندر پیسے چکا کر میرے محلے واپس لوٹ گیا تھا۔

باہر نکلتے ہی اس نے مجھ سے پوچھا تھا: "کیسی رہی؟"

جواب میں میں صرف مسکرا دیا تھا۔ دراصل میں اسے حقیقت بتانا نہیں چاہتا تھا —— عام طور پر جب ہم واپس لوٹتے ہیں تو ایسا محسوس ہوتا ہے کہ مئی جون کی دوپہر میں کسی نے کنستر بھر پانی پھینک دیا ہو۔ لمحہ بھر ٹھنڈک کے بعد ہم پھر اُسی چپچپاہٹ لے کر واپس لوٹتے ہیں —— لیکن سمتی سے مل کر مجھے ایسا محسوس ہوا تھا جیسے

میں نے مارچ کی ایک صبح شاور باتھ لیا ہو، فوارے کی دھاریں میرے مساموں کو راحت بخشتی ہوئی پورے جسم سے آنکھ مچولی کھیل گئی ہوں ——— مجھے گوارا نہ تھا کہ گجندر واپس شمتی کے پاس چلا جائے۔ اس کا ڈیل ڈول بڑا بے ہنگم تھا۔ قد بہت لمبا تھا، اور مجھے اس سے حسد بھی تھا۔ میں جب بھی اس کے ساتھ جاتا تو وہ ہمیشہ پہلے مجھے لڑکی چننے کو کہتا اور میں جب سب سے اچھی لڑکی پر آنکھ رکھتا تو وہ کہہ دیتا کہ وہ اس نے چن لی ہے۔ چونکہ عیاشی کے لیے پیسے وہ ہمیشہ خرچ کرتا تھا اس لیے میں خاموش ہو جاتا۔ اس کے بعد میرے لیے تو کوئی بھی لڑکی چل جاتی۔ لیکن اکثر میں اس ناانصافی اس کرختگی کے بارے میں سوچا کرتا۔

شمتی منگلور سے آئی تھی۔ اس نے یہ پیشہ کرنا طے کر لیا تھا۔ اس لیے گاہکوں کی ہر طرح سے چارہ جوئی کرتی تھی۔ رنگ گندمی تھا، جسم پر گوشت اتھل پتھل کرتا رہتا۔ چہرہ بھرا ہوا تھا، ہونٹوں پر ہمیشہ ایک مسکراہٹ کھیلتی رہتی۔ یہ مسکراہٹ اس وقت کنواری تھی (بعد میں وہ ایک پیشہ ور مسکراہٹ ہو گئی) اس وقت اس کے ہونٹ بھی تر و تازہ تھے (بعد میں وہ بھی سیاہی مائل ہو گئے)۔ اس نے مجھے اپنے ہونٹ بھی چومنے دیے تھے۔ عام طور پر ایسی لڑکیاں ہونٹ چومنے نہیں دیتیں۔ شمتی نے اس وقت وہ سب حربے نہیں سیکھے تھے۔ اس کے علاوہ میں اسے بھا بھی گیا تھا ——— میری عمر چونکہ بہت کم ہے، شکل سے بھی برا نہیں، اس کے علاوہ میں جب کسی لڑکی کے پاس جاتا ہوں، اسے پیشہ ور نہ سمجھ کر ایک لڑکی سمجھتا ہوں: جو بات اسے پسند نہیں ہوتی، وہ نہیں کرتا؛ عاجزی اور نرمی سے پیش آتا ہوں: پیار بھی کرتا ہوں تو مسکرا کر کرتا ہوں؛ اور شمتی چونکہ بالکل نئی تھی، کافی حد تک کنواری تھی، اس لیے میں اسے بھا گیا تھا ——— اس نے مجھے جی بھر کے پیار کیا تھا۔ میں نے بھی اسے بے حد پیار کیا تھا۔

جب میں گجندر کے ساتھ چل رہا تھا تو محسوس کر رہا تھا کہ میرے جسم کے ساتھ پانی کی پھوار آنکھ مچولی کر رہی ہے اور وہ ایک پانی کا کنستر اٹھائے چل رہا ہے۔

دوسری بار جب وہ مجھے لینے آیا تو میں نے شمتی کا اڈہ تجویز کیا ——— وہ چیخا: "تم عورت بازی کرتے ہو یا پتنی ورتا دھرم نبھاتے ہو؟"

میں خاموش ہو رہا۔

پھر ہم دونوں آنٹی کے ہاں گئے ——— میں نے دو پیگ ٹھرے کے چڑھائے، اس نے تین۔ وہ ایک کی اور بھی خواہش رکھتا تھا، لیکن تین پر ہی اکتفا کر کے چل دیا۔

اس نے ایک ٹیکسی روکی ——— پینے کے بعد وہ جی بھر کر کھانے کا عادی تھا۔ چونکہ میں اس کے ساتھ رہتا تھا، اس لیے مجھے بھی وہی کھانا نصیب ہوتا۔ میں عام طور پر اس کے ساتھ خاموش رہتا تھا۔ اس دن نہ جانے کیوں میں بہک سا گیا۔ آنٹی کی شراب بھی اس دن اچھی تھی اور شام بھی اچھی تھی، اور جب رات پہلو سے چھونے لگی تو رات کا لمس بھی پیارا لگا۔

میں نے گجندر سے کہا کہ میں ایک روز ڈھیر سارے روپے کماؤں گا؛ اسے خوب عیش کراؤں گا؛ کولابے سے ایک گوری لڑکی اس کے حوالے کر دوں گا تاکہ وہ اسے رات بھر تھکا مارے۔

گجندر نے مجھے دیکھا ——— وہ ہنس دیا جیسے کہہ رہا ہو کہ بکواس بند کرو۔

واقعی آنٹی کی شراب بہت بری تھی۔ ہوٹل کی چکاچوند روشنی سے رات بھی کہیں بھاگ گئی تھی اور میں بالکل جگا ہو گیا تھا۔ دل میں آیا کہ واپس اپنی کھولی میں لوٹ چلوں لیکن یہ بھی جانتا تھا کہ گجندر اکیلا عیاشی کرنے میں کتراتا ہے، بلکہ

خوفزدہ ہو جاتا ہے۔ اکیلے وہ شراب بھی نہیں پی سکتا۔ اکیلے وہ کوٹھے پر بھی نہیں جا سکتا —— ایک روز پہلے کی بات ہے، میں ٹیکسی سے گھر واپس آ گیا تھا؛ گجندر بھی لوٹ آیا اور پھر ایک خریدے ہوئے آدمی کی طرح اس کے ساتھ چلا گیا۔

مجھے کھولی کا کرایہ دینا تھا۔ پانچ کم پڑتے تھے۔ میں صبح سویرے گجندر کے ہاں پہنچا۔ اپنا دکھڑا رویا —— گجندر نے مجھے بتایا کہ پچھلی رات پچاس سے اوپر خرچ ہو گئے ہیں۔ اُسے لانڈری سے کپڑے بھی لانے ہیں —— میں لوٹ آیا۔ میں جانتا تھا، گجندر کی جب طلب جاگے گی تو وہ بھاگتا ہوا میرے پاس آئے گا؛ ایسی ویسی ضروریات کے لیے اس کے پاس پیسے کبھی نہیں ہوتے۔

پھر میرے ہی دن گجندر میری کھولی میں آیا۔ اس کا چہرہ مرجھایا ہوا تھا؛ آنکھوں کے نیچے حلقے پڑ گئے تھے؛ جسم کچھ اور بے ڈھب ہو گیا تھا؛ وہ غرور اور بے چینی سر سے غائب ہو گئی تھی۔ گجندر کو اس روپ میں میں نے کبھی نہیں دیکھا تھا۔ مجھے کافی تعجب ہو رہا تھا۔ اس نے مجھے بتایا کہ اُسے بیماری لگ گئی ہے اور اگر کہیں اس کے گھر والوں کو معلوم ہو گیا تو انرتھ ہو جائے گا؛ اس کا جینا مشکل ہو جائے گا؛ اس کی عزت مٹی میں مل جائے گی؛ اس کے خاندان کا نام بدنام ہو جائے گا۔ وہ ڈر کے مارے کسی ڈاکٹر کے پاس بھی نہیں جا سکتا تھا۔ اس نے پچھلے دنوں میں کئی ڈاکٹروں کے بورڈ پڑھ ڈالے تھے لیکن شرمندگی کے باعث وہ اندر نہیں جا سکا تھا۔ ڈاکٹر کیا سمجھے گا؟ اس کی عزت کا کیا ہوگا؟

گلی کے موڑ پر ایک ڈاکٹر رہتا تھا —— میں گجندر کو اس کے پاس لے گیا۔ تین چار روز میں گجندر بھلا چنگا ہو گیا۔ اس نے توبہ کی کہ وہ نہ تو کبھی پیے گا اور نہ کبھی کوٹھے پر جائے گا۔

اس کے بعد کئی بار گرمی میرے جسم کے نچلے حصے کی طرف لپکی اور مجھے شمتی بہت یاد آئی لیکن مجھے تو ابھی مالک مکان کے پانچ روپے بھی دینے تھے۔ جسم پر بس لرزہ سا طاری ہو کر رہ گیا۔ ایک ماہ بعد گجندر کھولی میں پھر وارد ہوا۔ اس کے والد بزنس کے سلسلے میں یورپ چلے گئے تھے اور اسے ایک ساتھ پانچ سو کی رقم مل گئی تھی۔

ہم دونوں آنٹی کے اڈے پر گئے۔ پھر ہوٹل میں گئے۔ گجندر اس روز بہت مہربان تھا - میں نے شمتی کو چنا اور سودا پوری رات کا طے کیا۔

شمتی اور بہت سے گر سیکھ چکی تھی۔ اب اس کی آنکھوں میں باتیں تھیں۔ مگر اس کی اپنی کم، غیروں کی زیادہ۔ وہ کچھ فقرے بھی سیکھ گئی تھی —— وہ مجھے نہ بھولی تھی۔ مجھے محسوس ہوا، تھکن کے باوجود اس کے بدن کی تشنگی باقی ہے۔ ہونٹ اس کی آنکھوں کا ساتھ نہ دے پا رہے تھے —— رفتہ رفتہ وہ پھڑکنے لگے۔ اس نے مجھے بار بار آنے کو کہا۔ اصرار کیا، پھر قسمیں دلانے لگی۔

میں نے اُسے ایک کہانی سنائی تو وہ ہنس دی۔ پھر کھلکھلا کر ہنسنے لگی —— میں نے اُسے بتایا کہ اس کا اور میرا پیشہ ایک سا ہے؛ میں صبح چار گھنٹے ٹائپ کرتا ہوں اور کل پینتالیس روپوں پر بک چکا ہوں؛ گجندر کے ہاتھ اکثر بکا کرتا ہوں؛ گجندر کا ساتھ دیتا ہوں، اس کی خوشامد کرتا ہوں؛ اکثر خاموش رہتا ہوں، اپنی کوئی بات نہیں کہتا؛ اپنے خواب تک بھول جاتا ہوں، اس کی ہر خواہش یاد رکھتا ہوں —— پورے دن پوری رات کے صرف پینتالیس روپے پاتا ہوں۔

میں پھر بہک گیا تھا۔ آنٹی کی شراب بھی اچھی تھی، رات کا لمس بھی پیارا تھا، ہوٹل کا کھانا بھی بڑھیا تھا ——

اور گجندر تیسری منزل پر ایک عورت کے ساتھ تھا۔

آنسو بہانے کی کوئی خواہش نہ ہونے کے باوجود میری آنکھیں جانے کیسے دل کی بات کہہ بیٹھیں —— سُمتی نے مجھے دلاسا دیا کہ اگر میں ذرا دیر سے اُس کے پاس آیا کروں تو وہ مجھ سے کچھ نہ لے گی —— اُس نے اگلی رات آنے کی مجھ سے قسم بھی لے لی۔

اگلی رات میں کافی دیر سے گیا تھا —— سُمتی کے گاہکوں کا تانتا بندھا ہوا تھا۔ سُمتی نے مجھے ایک خالی کرسی پر بیٹھنے کو کہا۔ تھوڑی ہی دیر بعد مجھے محسوس ہوا کہ میں سُمتی کے کمرے کا ایک حصّہ بن گیا ہوں —— اس کا گاہک بھگت چکتا تو وہ باہر نکلتی؛ ایک مسکراہٹ بکھیرتی اور دوسرے گاہک کے ساتھ اندر چلی جاتی —— میں کرسی پر بیٹھا رہا۔

سُمتی اپنا آخری گاہک روانہ کرکے میرے پاس آئی۔ اس وقت تک میں بہت کچھ سوچ چکا تھا۔ میں نے سُمتی کی گرفت سے اپنے آپ کو آزاد کیا اور باہر جانے لگا۔ سُمتی نے حیران نگاہوں سے پوچھا تو میں نے جھلا کر کہا: "گجندر تو مجھے خرید سکتا ہے، مگر ایک پیشہ ور دوسرے پیشہ ور کو نہیں خرید سکتا۔ . . ."

سُمتی کو منگلور سے آئے بس کچھ دن ہی تو ہوئے تھے، یہ بات اس کی سمجھ سے باہر کی بات تھی —— اس کی حیران آنکھیں بس اک سوال بن کر رہ گئیں۔

ٹیبلُو

ادھر میں نے سمبندھ توڑ لینے کا ارادہ باندھا، اُدھر منظر فریز ہو گیا۔

فریم اور فریم میں جڑا ہوا منظر کب سے میری نظروں کے سامنے رکھا ہوا تھا: میرے دل میں جو درد ہے، اس کی کوئی روپ ریکھا تو اس منجمد منظر میں کہیں ہوگی۔ . . میں اسے کوئی نام تو دے سکوں گا . . .

زندگی کا کاروبار اور حسبِ توقع شروعات کا یقین —— لیکن منجمد منظر میں متوقع روپ ریکھا جو میرے اپنے لفظوں کی محتاج ہو، بھلا کب نظر آئے۔

فریم بغل میں تھام، میں باہر نکل گیا۔

بارش ہو رہی تھی، ہلکی ہلکی اور مسلسل —— آسمان کی انجانی اونچائیوں سے کچھ بادل دھیرے دھیرے نیچے اتر رہے تھے اور کھائی سے قریب ہوتے جا رہے تھے۔

رفتہ رفتہ کھائی کے چاروں اور خیمے سے تن گئے —— سانس لیں تو بادلوں کی باس جیسے شامل ہو۔ گمشدہ اعتراضات، بے معنی شکایات، اُدھوں بھی، جھٹک دیے، شاید کئی مہینے شاید کئی سال، میں نے اعتراض کرنا شکایت کرنا سب چھوڑ دیا ہے: بادلوں کی باس، بارش کا گیلاپن، دھرتی کی گود میں گدلے پانی کے چھوٹے چھوٹے

تالاب۔ تالابوں میں تیرتے ہوئے کلاروئے، سب ہی تو اب میرے سنگی ساتھی ہیں، سب ہی تو میری قبولی ہوئی نئی پرانی عادتیں ہیں ——— اور فریم کہ جو میرے ہاتھوں میں ہے، جسے میں ہر جگہ اُٹھائے پھرتا ہوں، اب اس کے چوکھٹے بھی پلاسٹک کے ہیں۔ نہ اس چوکھٹے پر نیچے اترتے ہوئے بادلوں کا اثر ہوتا ہے اور نہ ہی گھاؤ کی مانند رِستی ہوئی بارش کا۔ دیکھو نا، اب یہی فریم کتنے کام کا ہے: بارش سے بچنا ہو تو سر پر رکھ لو، کیچڑ سے بچنا ہو تو نیچے بچھا لو ——— اہتمام، ترتیب، سلیقہ۔ میں آہستہ آہستہ اسی طرف قدم بڑھا رہا ہوں۔ لکھنا میں نے بہت عرصے سے چھوڑ دیا ہے۔ بھلا کیوں اب میں بزدلی سے بیر رکھوں۔ کچھ نہ کرنے کا بھی تو میں نے فیصلہ کر لیا ہے۔ جتن، کچھ نہ کرنے کا ——— اب میں ان کی رِستی ہوئی بارش میں، جسم کے ہر حصے میں اپنی باس کے لیے آہستہ آہستہ بڑھ رہا ہوں، ان میں شامل ہونے کے لیے، ان کا ایک انگ بننے کے لیے . . .

یہ مکان، میرا گھر میرا انتخاب نہیں ——— ایک مدت سے میں یہیں ہوں، اسی مکان میں جو میرا گھر ہے جو میرا انتخاب نہیں۔

یہ چار دیواری ان لوگوں کے لیے موزوں تھی جو پہلے پہل یہاں آ گئے تھے، پھر آتے رہے تھے۔ ان کے لیے بھی موزوں تھی جو یہاں آنا چاہتے تھے لیکن آ نہ سکے تھے۔ ان لوگوں کی آمد و رفت اور آمد کی خواہش، اس مکان کی قسمت بھی تھی اور کرشمہ بھی۔

مکان بیچ کھائی کے وسط میں تھا اور کھائی کو دنیا سے جوڑتی ہوئی سڑک اوپر تھی۔

ٹیڑھی بھینگی، اوبڑ کھابڑ سیڑھیاں کھائی کے پیندے تک پہنچتی تھیں۔ یہ سیڑھیاں اترنا اور مکان تک پہنچنا ایک دہنی سفر تھا اور اس سفر کے دوران زندگی کے سمبندھ ٹوٹ جاتا تھا اور مکان تک پہنچتے پہنچتے معدوم رشتوں کی فریم ہاتھ میں بچ پاتی تھی۔ اس مکان تک پہنچنا اتنا آسان نہ تھا اور اس مکان سے نکل آنا تو بہت ہی مشکل تھا کہ ارادے باندھے نہ بندھتے تھے۔ یوں تو بات محض ٹیڑھی بھینگی، اوبڑ کھابڑ سیڑھیاں چڑھنے اور دنیا کو جاتی سڑک تک پہنچنے کی تھی۔ وہ ایک نیم حوصلہ مند لوگوں نے جو کوشش کی تو راستے ہی دم توڑ بیٹھے۔

مکان کہ کھائی میں تھا، وہاں کے باسی گیان دھیان میں مگن، گم سم سمادھی لگائے بیٹھے ہوئے تھے، کیوں کہ ——— ان کی گم سم سمادھیاں، ان کا وشواس، ان کا یگوں پرانا انتظار: مسیحا ان دنوں پورب میں رہے، پچھم میں رہے، دکھن میں رہے . . . اُتّر میں رہے . . . اُتّر کے اونچے پہاڑ اس کی چاپ سن رہے ہیں اور ہمارے دل دھڑک رہے ہیں۔ وہ آئے گا اور ہمیں مکتی ملے گی . . .

مسیحا نہ آیا ——— چمتکار نہ ہوا۔

اوپر سڑک پر کہ ایک دنیا بسی ہوئی تھی، صدیوں پرانے شراپ میں بندھی، گھٹن اور غلامی میں سانس لے رہی تھی، اور مدتوں سے اس شراپ بندھن کو توڑنے کا جتن کر رہی تھی ——— ایک دن کہ ایسا ہونا تھا، مسلسل جتن دوارا شراپ بندھن ٹوٹنا تھا۔ دنیا والوں نے صدیوں سے بند گھڑکیاں، دروازے کھول ڈالے۔ کھلی آزاد فضاؤں میں انھوں نے یگوں سے اپنے میلے چیکٹ بدن دریاؤں کے اُجلے پانیوں میں صاف کیے۔ اگربتیاں جلائیں، خوشبو لٹائیں۔ بادل آئے تو اندر دھنش دیکھا، دھوپ نکلی تو تتلیوں کے پروں میں چاندی چمکتی دیکھی۔

میٹھی بھینگی، اوبڑ کھابڑ سیڑھیوں سے کے رشتے کی نسبت سے کھائی کے مکینوں نے بھی اپنی سمادھیاں توڑیں کھائی کے بنیڈے میں بسے اپنے مکان کو سجایا، گھی کے چراغ جلائے۔

گھی جل گیا تو سوکھے چراغوں کی اداس بتیوں سے دھواں اٹھنے لگا۔

جلتے ہوئے گھی کی باس اور گھنا گہرا دھواں ——— کھائی باس اور دھوئیں کی لپیٹ میں آگئی۔

باس اور دھوئیں کی بکرے دھیلی ہوئی کھائی کے مکینوں نے دیکھا کہ کھائی کا جغرافیہ ہی بدل گیا ہے ——— ان کے مکان اور سیڑھیوں کے بیچ اب اوبڑ کھابڑ زمین نہیں، تالاب ہے اور تالاب میں مچھلی کی جسامت سے بڑی ایک مچھلی تیرتی ہے۔

تالاب کا پانی، انھیں لگا، ٹھہرا ہے، انجلا ہے۔

پھر انھوں نے سمجھا، پانی مرنے لگا ہے، گدلا ہو رہا ہے: باس آنے لگی ہے، شاید مچھلی کی جسامت سے بڑی مچھلی کے شکار کے کارن. . .

مکان کا پچھواڑہ جنگل تھا، بچھڑا ہوا جنگل ——— دھوپ گرتی تو پیڑ سونے کی طرح چمکتے اور زمین سنہری میناکاری سے بھر جاتی۔

اب جنگل گھنا تھا۔ دھوپ پیڑوں ہی میں کہیں اٹک جاتی اور زمین پر ہر سمے اندھیرا چھایا رہتا اور سانپ لوٹتے رہتے۔

کھائی جنگل جنگل سمندر تک پہنچتی تھی جو کبھی گرجتا تھا، کبھی دھیرے سے سانس لیتا تھا ——— اور دونوں صورتوں میں دل دہلاتا تھا۔

سمے کا جھکڑ اس بار شدت پکڑتے ہوئے ہے، وہ بچ نہ سکیں گے۔ کھائی کے بنیڈے سے چپکے ہوئے مکان کی کھڑکیاں اور دروازے تک انھوں نے بند کر دیے ہیں کہ کھائی کو دنیا سے جوڑتی ہوئی سڑک پر لوٹنا ان کے بس میں نہیں کہ ان کا انگ انگ، ان کی حس حس مردہ ہے ——— تالاب میں پانی مر رہا ہے اور مردہ پانی میں مچھلی کی جسامت سے بڑی ایک مچھلی ڈولتی پھر رہی ہے۔ جنگل میں سانپ رینگ رہے ہیں. . .

کھائی، کھائی کے بنیڈے میں ایک مکان، مکان کے دروازے کھڑکیاں بند: حبس حبس ان کے بدن، سانس تعفن تعفن۔

اب وہ پھر بند مکان میں میلو بنائے بیٹھے ہیں: ہم منتظر ہیں مسیحا کے. . . مکتی! مکتی!!

سمے کا جھکڑ بڑھتا آ رہا ہے، وہ سمادھی لگائے، میلو بنائے بیٹھے ہیں ——— اب تو ان کا گیان دھیان بھی زنگ ہو گیا ہے. . .

زنگ میں زنگ ہونے سے پہلے میں نے سمبندھ توڑ لینے کا ارادہ باندھا تو منظر فریز ہو گیا ——— میں اپنے دکھ کو کوئی نام نہ دے سکا۔

میں چیخ رہا ہوں: میری مجبوری. . . میری شکست. . . میری کاہلی. . .

میری چیخ، میری ناکامیوں سے ٹکرا رہی ہے لیکن میری چیختی ہوئی آواز ان تک نہیں پہنچ سکتی کہ انھوں نے زندگی سے سمبندھ توڑ لیا ہے. . .

میں بند مکان کے باہر کھڑا ہوں۔

بارش بڑھ گئی ہے۔ پلاسٹک کا فریم تالاب میں گر چکا ہے۔
بارش کی گہری دیوار کے اُدھر تالاب سے پرے، اوپر کھار کی سیڑھیاں نظروں سے اوجھل ہیں——
مکان کے پچھواڑے جنگل سائیں سائیں کر رہا ہے۔
جنگل کی اس اور سمندر بے تحاشا دھاڑ رہا ہے۔
کیا میں اس شیلو میں داخل ہونا چاہتا ہوں جو کسی مسیحا کا منتظر ہے؟

میں چیخ رہا ہوں . . .
جانے کب سے چیخ رہا ہوں . . .
جانے کب تک چیختا رہوں گا . . .

متوازی لکیریں

نہ تو اس کا فون آیا ہے اور نہ اس نے یہ بات کہی ہے۔
نہ اس کا فون آئے گا اور نہ وہ یہ بات کہے گی۔
ایک چھوٹی سی غلطی مجھ سے ہو گئی تھی اور اسی طرح ایک چھوٹی سی غلطی وہ بھی کر بیٹھی تھی۔
اس کی غلطی معمولی سی تھی، بے ضرر۔
وہ اداس تھی —— رونا اس کی عادت نہ تھی۔ باتیں بھی کم کرتی تھی —— جب بولتی لڑکیوں کی زبان استعمال کرتی: "تازہ ترین" محاورے، جنسی معنی اور اشارے لیے ہوئے سڑک چھاپ جملے۔
اس شام اس سے یہ بھول ہو گئی —— وہ بیٹھی ہوئی تھی اور میں اس کے قریب کھڑا اس سے ہی گفتگو کر رہا تھا کہ
اس نے کہا: "پتلون گندی ہو جائے گی کیا . . . گھاس پر بیٹھنے سے کتراتے کیوں ہو . . . ؟"
میں حسب عادت لاپروائی سے بیٹھا تو اس نے پھر کہا: "اتنی دور کیوں بیٹھے ہو . . . ؟"
میں اس کے قریب کھسک آیا۔
باتیں کیونکر ہونے لگیں، مجھے یاد نہیں —— میں اکثر اپنی تنہائی کا رونا روتا ہوں۔ تنہا ہوں نا . . !

ٹھیک ہے لیکن رونا رونے سے تو تنہائی دور نہیں ہوتی نا۔ ۔ ۔ ! یہ میں اچھی طرح جانتا ہوں۔ بس کچھ یوں ہے جیسے تنہائی کا سائن بورڈ گلے میں پڑا ہوا ہے اور اب یہ ایک عادت سی بن گیا ہے۔ شاید اسی کارن بات چیت کا سلسلہ بڑھا ہوگا۔ ۔ ۔

اُس نے کہا جس آدمی کی وہ رکھیل ہے اُس کی مانگیں بڑھتی جا رہی ہیں۔ ۔ ۔

وہ آدمی الکوہلک تھا۔ اُسے جنسی طور پر کسی لڑکی کی کوئی خاص ضرورت نہ تھی۔ اُسے بس ایک سائن بورڈ کی ضرورت تھی اور وہ سائن بورڈ کمن تھی کہ وہ کمن کو رکھ سکتا تھا۔

اُس کے لیے کمن محض ایک شو پیس تھی ——— شام کو شراب کی دعوتیں ہوتیں تو کمن کو حاضری دینا پڑتی؛ ننگی گالیوں میں شریک ہونا پڑتا؛ مخصوص اشاروں کو سمجھنا پڑتا؛ صنفِ نازک کی جسمانی تفصیلات کا بیان سُننا پڑتا۔

کمن یہ بھول کر بیٹھی تھی؛ وہ مجھے سب کچھ بتانے کی غلطی کر بیٹھی تھی ——— اور میں سمجھ بیٹھا تھا، وہ میرے قریب آگئی ہے۔

"اور قریب آجاؤ نا۔ ۔ ۔ !" اپنائیت سے لیے یہ الفاظ اپنائیت سے لیے یہ جملہ مبہم ہے۔ یہ کسی رشتے کو طے نہیں کرتا۔ نہایت رومانٹک اور سستا جملہ ہے۔ حقیقت پر لبادہ ڈال دیتا ہے ——— ہم دونوں کی ٹریجڈی یہ ہے کہ ہم دونوں سنجیدہ ہیں، حساس ہیں۔ کم از کم میری حد تک اس میں شک کی کوئی گنجائش نہیں۔

ایک دن کمن کا فون آیا ——— وہ اکثر مجھے فون کرتی تھی۔ دیر تک باتیں کرتی رہتی تھی۔ اُس کی باتیں دلچسپ ہوتی تھیں۔ اُس کی آواز قدرے بھاری تھی، کچھ مردانہ سی۔

میں نے کہا: "میں ایک بے رونق ہل اسٹیشن پر کچھ دن بتانے جا رہا ہوں۔ چلو گی۔ ۔ ۔ ؟ ہاں کہہ دو میرے دن آسان ہو جائیں گے۔ ۔ ۔"

اُس نے کہا: "جانتے ہیں ہم یہ۔ ۔ ۔ سوچ کر بتائیں گے۔ ۔ ۔"

"اور اگر تمھارا فون نہ آیا تو میں وہی شراب نوشی شروع کر دوں گا جس کے لیے میں بدنام ہوں۔ ۔ ۔"

میں نے کہا۔

اُس کی ہنسی میری ہنسی میں شامل ہو گئی۔

کمن کا جسم کچھ ایسا تھا کہ دیکھنے والی آنکھ پر ایک کیفیت سی طاری ہو جاتی تھی، اور کمن یہ جانتی تھی۔ وہ اس حد تک سمجھ دار تھی کہ اپنی ہر خوبی جانتی تھی: جب پہاڑی نالوں میں چھوٹے چھوٹے رنگ برنگے پتھر پانی کے تیز بہاؤ سے بہنے لگتے ہیں تو کوئی جان نہیں سکتا کہ دھنے پانی کے بہاؤ سے پیدا ہوئی یا پتھروں کے ساتھ تصادم سے۔ ۔ ۔ یا پتھروں کی رنگ برنگی چمک سے۔ ۔ ۔ اُس کا قہقہہ تو بس یوں ہی پھوٹ پڑتا ہے، پھر ہلکی سی ہنسی میں منتقل ہو جاتا ہے اور میں تنہا ہو جاتا ہوں اور جان لیتا ہوں کہ میری تنہائی کا کوئی علاج نہیں۔ ۔ ۔ اس نے تو مجھے جوڑا ہے کہ اچھلتے کودتے نقودے کی آواز بھی سنائی نہیں دیتی

اُس کی ہنسی تو میری ہنسی میں شامل ہو گئی تھی لیکن اُس کا فون نہ آنا تھا، نہ آیا ——— اور نہ میں اپنی

بدنام شراب نوشی شروع کر سکا؛ نہ رو سکا، نہ گریبان پھاڑ سکا! بس، اس دن اس بے رونق ہل اسٹیشن پر گنوا آیا، ویسے ہی جیسے ہم لوگ زندگی گنوا دیتے ہیں! بکنے والی وہ بیکار تحریر جو مجھے لکھنا تھی، لکھ لایا۔

اب کہ بات لکھنا شروع کر چکا ہوں، سوچ رہا ہوں، بات بڑھاؤں کیسے۔ واقعات کو اپنے طور ترتیب دوں یا پھر واقعات (لمحات) جس ترتیب سے گزر رہے ہیں، بیان کروں۔ بیان میرا اپنا ہو یا کپھن کا۔ اپنا بیان رکھوں گا، تو جھوٹ بھی شامل کر بیٹھوں گا (اُسے آج کل ہم "افسانہ" کہتے ہیں) اور کپھن کی زبان میں لکھوں گا تو بہت سی غلطیاں کر بیٹھوں گا جو خود کپھن کے ساتھ ناانصافی ہو گی۔

اب سوچتا ہوں، رکھا ہی کیا ہے؛ ذکر کیا ہی کیوں جائے۔ بات کی کوئی تاریخی حیثیت تو ہے نہیں۔ بات میں کوئی ہیجان بھی نہیں۔ رشتے کی نوعیت بھی کچھ ایسی نہیں کہ کسی انوکھی دلچسپی کا کارن بن سکے۔ بس کچھ دور پریشان لوگوں کو سمجھنے کی ایک کوشش؛ ان کی پریشانیوں اور دشواریوں کا ذکر؛ دو دریا اور وہ چند بیچ کی گھڑیاں جو بج رہی ہیں۔

ایک بار ہم ٹیکسی میں گھوم رہے تھے۔ میرا سر سیٹ کی پشت پر ٹکا ہوا تھا، آنکھیں مندی ہوئی تھیں۔

"کیا ہوا؟" اس نے کہا۔

میں نے کہا: "سر دکھ رہا ہے۔"

"دبا دیں۔۔۔" اس نے کہا، پھر آپ سے آپ اپنی انگلیوں سے میرے بالوں میں کنگھی کرنے لگی۔ پھر کنپٹیاں سہلانے لگی۔ اس کی انگلیاں دھیرے دھیرے میرے ماتھے پر پھرتی رہیں، میری مندی ہوئی آنکھوں کو چھوتی رہیں ——— ظاہر ہے، میرا دکھتا ہوا، گھومتا ہوا سر تھم گیا۔

ایک دن کہنے لگی: "ہم مانتے ہیں، ہم نے آپ کے ساتھ زیادتی کی ہے۔۔۔"

ہم دونوں شام کے وقت ایک تنہا سی سڑک پر گھوم رہے تھے۔

اُسی شام اس نے کہا: "ہم آپ کے بارے میں اکثر بولتے ہیں۔۔۔ کبھی ہم مسکرا کر آپ کے بارے میں کہتے ہیں کہ آپ کی ہر تحریر پر ہمارا حق ہے۔ ہمیں آپ کی تحریر کے بہت سے پیرے یاد ہیں۔۔۔ ان لوگوں کی محفلوں میں، شراب کی دعوتوں میں ہم اپنی بھاری سی اور بقول آپ کے مردانہ سی آواز میں آپ کی تحریر سناتے ہیں اور واہ واہ حاصل کرتے ہیں۔ سب پوچھتے ہیں: 'صاحب! ان کا نام تو بتاؤ۔۔۔' ہم یہ سن کر بہت خوش ہوتے ہیں، مسکراتے ہیں۔ آپ کے نام کا ایسا اُچارن کرتے ہیں جیسے خود اپنے آپ کو پکار رہے ہوں۔۔۔ وہ سب لوگ کہتے ہیں: 'ان کو محفل میں لاؤ نا۔۔۔!' ہم کہتے ہیں: 'وہ یہاں نہیں آئیں گے۔۔۔' 'مگر کیوں؟ کیوں؟ کیوں؟' سب چلاتے ہیں۔۔۔ ہم چپکے سے اپنے آپ سے کہتے ہیں کہ آپ ہماری زندگی کا وہ انگ ہیں جسے کوئی چھو نہیں سکتا۔۔۔ ہم غلطی تو نہیں کر رہے ہیں؟ ہم آپ کو سب کی نظروں سے بچا کر رکھنا چاہتے ہیں۔۔۔!"

اس نے پھر کہا: "آپ اس شام کی بات پوچھتے ہیں؟ اس دن دن بھر ہم ان کی گاڑی میں سیر کرتے رہے۔ کبھی کچھ گنگنا دیتے۔ زیادہ وقت ہم ہنستے رہے۔۔۔ آپ جانتے ہیں نا ہم کیسے ہنستے ہیں؟ دبی ہنسی نہ قہقہہ، بس منہ کھولا اور دانت دکھا دیے۔ اس شام۔۔۔"

وہ گھٹنا میں کپھن کی زبان میں نہیں سناؤں گا کہ یہ اس گھٹنا کے ساتھ ناانصافی ہو گی ——— کچھ تھوڑا سا جھوٹ، کچھ افسانوی رنگ ڈھنگ۔ اس گھٹنا کی بہت اہمیت ہے۔ یہ گھٹنا پہلے بھی ہو چکی ہے، پھر ہوئی اور کئی بار دہرائی گئی۔ بار بار دہرائی جانے والی اس گھٹنا کی عادت پڑ گئی ہے کپھن کو۔

اُس محفل میں کُھن موجود ہوتی ہے (اُس محفل میں کُھن کی موجودگی اُس کے فرائض میں شامل ہے) تو ابتدا میں اُنھیں یہ احساس نہیں ہوتا کہ کوئی لڑکی بھی اُن میں شامل ہے ——— وہ اُن کے سگریٹ سلگاتی ہے، اُن کے لیے پیگ بناتی ہے — وہ جانتی ہے کہ کون کتنا سوڈا لیتا ہے اور کون کتنا پانی۔ اُن کے "مردانہ" لطیفے سنتی بھی ہے اور اُنھیں "مردانہ" لطیفے سناتی بھی ہے۔ یُوں محفل کا کاروبار ٹھیک ٹھاک چلتا رہتا ہے۔ پھر بتدریج بڑھتے ہوئے نشے میں شاید وہ ہوشمند ہو جاتے ہیں۔ شاید انھیں یاد آجاتا ہے کہ وہ مرد ہیں اور اُن کے درمیان ایک عورت موجود ہے، گھاؤں کی شام کی سانولی سی رنگت لیے، کنواری سی آواز میں برج بھاشا کی گیت سمیٹے؛ جو سانس لیتی ہے۔ جیسے کوئی دُھن لے، کوئی الاپ ——— بس وہ کچھ یوں ہوشمند ہوتے ہیں کہ ہوش کھو بیٹھتے ہیں؛ بدست دست درازیاں، ننگی گالیاں . . .

اُس شام بھی وہی کچھ ہوا جو ایک شام پہلے ہو چکا تھا: کُھن کا لباس تم تم کر اتر چکا تھا۔ وہ اُن کے درمیان دو زانو ننگی بیٹھی تھی۔

پھر جام سوکھے ہونٹوں اور کانٹا حلقوں سے نیچے اتارے گئے، کُھن کے بدن پہ اُنڈیلے گئے، سوکھی لشکی زبانیں اُس کا انگ انگ چاٹا کیں۔ سانس درست ہوئے تو قہقہے، مذاق اور گالیاں۔

"اب ہم پر کچھ اثر نہیں ہوتا . . ." مجھے خاموش دیکھا اور شاید غیر حاضر جان کر اُس نے پھر کہا: عادت سی پڑ گئی ہے نا . . . اب تو بس رات گئے گرم پانی سے مل مل کر نہانا پڑتا ہے۔ اِس چکر میں کبھی کبھار زکام ہو جاتا ہے . . . اوپر تلے ایسی دو ایک محفلیں ہو جائیں تو پھر ایک آدھ ماہ کے لیے چھٹی ہو جاتی ہے۔ تب ہم آپ کو فون کرتے ہیں، آپ سے ملتے ہیں، کچھ پڑھتے ہیں، کچھ سوچتے ہیں۔ دِل کی وہ ذرا برابر جو کونپل بچ رہی ہے، اُسے ٹٹولتے ہیں، بار بار دیکھتے ہیں اور سکھ کا سانس لیتے ہیں . . ."

وہ کہہ رہی تھی، میں سُن رہا تھا: "ہاں، پہلی بار ہم بہت روئے تھے۔ تمام رات سسکتے رہے ان دنوں ہمارے ہاں ہماری موسی ٹھہری ہوئی تھیں۔ وہ عمر میں ہم سے ذرا بڑی تھیں۔ بڑی بہن کے برابر ہوں گی . . . وہ دوسرے کمرے میں سو رہی تھیں۔ ہماری سسکیاں سُن وہ چونک کر اٹھیں اور ہمارے پاس آگئیں۔ وہ ہمیں بہت پیار کرتی تھیں۔ ہمارے پیار سے وہ ہمارے گال چوما کرتی تھیں، اور ہماری آنکھیں تو اکثر چوما کرتی تھیں؛ کبھی کبھی تو ہمارے ہونٹ بھی چوم لیتی تھیں۔ اُن کا پیار ہمیں بہت اچھا لگتا تھا . . . اُس رات بس ہم روتے رہے، اُن کے سینے سے لگ کر روتے رہے۔ ہم نے اپنا انگ انگ انھیں دکھایا . . . جہاں جہاں ہمیں کاٹا نوچا گیا تھا، وہاں وہاں موسی نے اپنے نرم گرم ہونٹ رکھے۔ ہر زخم پر انھوں نے سانسوں کا پھاہا رکھا۔ ہم پریشان ہو گئے اور بُری طرح روئے۔ بِن مانگے اتنا پیار اتنی مہربانی۔ ہم روتے رہے، ہچکتے رہے۔ اور پھر اُن کے سینے کے ساتھ لگ کر سو گئے . . .

"موسی جتنے دِن ہمارے ہاں رہیں، ہم ایک ساتھ سویا کیے۔ ہمیں احساس تھا کہ ہم اپنا جسم خراب کر رہے ہیں۔ ہم کیا کرتے۔ جو ہو رہا تھا، ہم نے ہونے دیا . . . عمر بھر ہم لڑکوں کے کپڑے پہنا کیے کہ ماں باپ نے ہمیں لڑکوں کے کپڑے پہنائے۔ انھیں لڑکے کی خواہش تھی اور انھیں ملی تھی لڑکی۔ ہم لڑکا بن کر جوان ہوئے . . .

"آپ نے اُس دن کہا تھا، میں ہاں کہہ دوں اب آپ ہی بتائیے، ہم کیسے ہاں کہہ دیتے . . . آپ کی بات سن کر پہلے تو ہم حیران ہوئے۔ دراصل ہمیں کچھ یوں لگا کہ ایک مرد ایک جوان لڑکی کو دعوت دے رہا ہے۔ ہم نے آپ کا یہ روپ تو کبھی دیکھا ہی نہیں تھا۔ ہم ہنس دیے، پھر آپ بہت یاد آئے، بہت پیار آیا . . . مگر، مگر

ہم آپ کو کچھ نہ دے سکتے تھے۔ کیا دے پاتے۔ . . ہمارے جسم میں اب کیا رہا ہے، جسم تو ہمارا خراب ہو چکا ہے نا۔ . . ! اسی لیے اس دن ہم نے صرف آنا کہا، سوچ کر بتائیں گے۔ . . سوچ کر کیا بتانا تھا، ہم نے آپ کو اسی لیے فون نہ کیا۔ . . "

اس کی آنکھوں میں نمی سی آگئی ——— میری آنکھیں؟ میری آنکھوں کی بے حیائی، اس کی آنکھوں میں نمی دیکھ رہی ہیں اور خود خشک ہیں۔ میری آنکھیں نمکین کیوں نہیں؟ نم ہوں گی تو کس کی خاطر؟ اس کی خاطر؟ اپنی خاطر؟ بکنے والی ہر بیکار تحریر لکھ لکھ میں بھی تو نمکین ہی کی طرح ہو گیا ہوں۔

وہ تنہا سی سڑک جانے کتنی لمبی تھی۔ ہم پاؤں پاؤں ساتھ ساتھ چلتے رہے، ایک دوسرے کو دیکھتے رہے۔

اس کی آنکھوں میں نمی تھی۔

میری آنکھوں میں اک ذرا سی نمی آجاتی۔ . .

سمجھوتے

وہ خود ان پڑھ تھے، اور اگر کسی چیز سے انھیں دہشت ہوتی تو لفظوں سے ——— صبح اخبار پڑھنے سے پہلے انھیں دورہ سا پڑتا۔ بڑی دیر تک اخبار پڑھنا ٹالتے رہتے، جیسے اخبار میں چھپے لفظ، لفظ نہ ہوں، چیونٹیاں ہوں، جو دیکھتے ہی چلنا شروع کر دیں گی ——— سنپولیے ہوں جو رینگنا شروع کر دیں گے۔ کوئی جگہ ان سے خالی نہیں رہے گی۔

مکھیہ منتری بنتے ہی انھوں نے ٹھان لی کہ لفظوں کو کسی طرح مار بھگائیں گے۔ اس کے دو راستے تھے۔ ان کے یا تو معنی بدل دیے جائیں یا سرے سے انھیں بے معنی کر دیا جائے۔ وہ صرف اردو جانتے تھے --- ——— اقبال کے بہت دلدادہ تھے۔ فارسی کے بہت سے شعر یاد تھے انھیں۔ پرانے وقتوں کے پرانے آدمی تھے جن پر موجودہ زمانے کی پوری ریاست کا بوجھ پڑ گیا تھا۔ اردو فارسی تو اب تاریخ کا حصہ بنتی جا رہی تھی۔ جلسے، جلوس، تقریریں اور مشاعرے تک ہی رہ گئی تھی اردو ——— انعام اکرام سے ہی ذمہ داری پوری ہو جاتی تھی۔ سرکار ہر سال چھ مہینے میں شاعروں اور ادیبوں میں انعام اکرام بانٹ دیتی تھی۔ کام چل رہا تھا اور سرکار کی نظرِ کرم سے اردو کے الفاظ بے جان ہو رہے

تھے۔ بے خبر، موجودہ تقاضوں سے بے خبر ــــــ وہ سنپولیے نہیں تھے۔ مکھیہ منتری کو ڈس نہیں سکتے تھے۔ کاروبار چل رہا تھا ان کا، ان کے پرانت کا۔ ہر طرف کشل منگل تھا۔

مکھیہ منتری چونکہ پرانے وقتوں کے پرانے آدمی تھے اس لیے بہت سیانے تھے۔ دور کی سوچتے تھے۔ پیڑ لگاتے تھے کہ بعد میں پھل کھاتے رہیں۔ خود ہی نہیں بلکہ آنے والی نسلیں بھی، پیڑھی در پیڑھی ــــــ آج کا سیاست داں دور رس نہیں ہوتا۔ نہ پالسے پھینکنا جانتا ہے نہ داؤ پیچ ہتھکنڈوں سے واقف ہے چاند کی طرح آسمان پر نمودار ہوتا ہے اور دمدار ستارہ بن کر بدشگونی چھوڑتے ہوئے غائب ہو جاتا ہے ــــــ مکھیہ منتری ان سے الگ تھے۔ وہ گوٹیاں کھیلتے تھے، چالیں چلتے تھے۔ انھوں نے ایک نئی نسل تیار کرنے کی سوچی۔ ان کے دماغوں میں سوتے جاگتے کچھ بے ضرر بے معنی لفظوں کی بھرمار کر دی کہ وہ نئے لفظ نہ سوچ سکیں۔ نہ گھڑ سکیں۔ ان کے ذہن مفلوج ہو جائیں اور نئے لفظوں کی ضرورت نہ رہے۔

وہ جب بھی اندر پرستھ تشریف لے چلتے تھے تو دو دن اسکول بند ہو جاتے تھے۔ چھوٹے چھوٹے بچے بچیاں ترنگی جھنڈیاں لیے، وردیاں پہنے ایرپورٹ پر پہنچائے جاتے تھے۔ ان کی باقاعدہ ریہرسل ہوتی تھیں۔ گھنٹوں سبق پڑھائے جاتے تھے۔ قطار میں کھڑے رہنے کی ریہرسل اور بلند آواز میں نعرے لگانے کی ریہرسل۔ مکھیہ منتری زندہ باد، بھارت ماتا کی جے۔ اندرا گاندھی زندہ باد۔ کچی عمر کے ان نوعمر بچوں کے ذہنوں میں بھرے ہوئے یہ الفاظ گرمی سردی میں مکھیہ منتری کے انتظار میں سواگت کے لیے کھڑے بچے، کچھ نعرے بار بار کہے ہوئے، اچارن کیے ہوئے یہ نام ــــــ ایک نئی نسل تیار ہو رہی تھی۔ ان کو بھوشیہ میں کبھی لفظوں سے مطلب نہ ہوگا۔ سر جھکاتے ہوئے، فرماں برداری سے، مرتے دم تک یہ سواگت کرتے رہیں گے۔ یہ بات ان کے لیے سنیہ دچن ہوگی۔ ان سے کوئی خطرہ نہ ہوگا۔ وفادار غلاموں کی تربیت پا کر یہ آدرش ناگرک بنیں گے۔ اس آزاد دیش کے ــــــ مکھیہ منتری نے فرمان جاری کیا کہ جب بھی وہ پرانت سے باہر جائیں اور پرانت میں لوٹیں بچے اپنی وردیوں میں، اپنے ٹیچروں کے ساتھ، پولس کی ٹکریوں میں محفوظ، قطار در قطار، ہمیشہ ایرپورٹ پر حاضر رہیں۔ دن رات، صبح دوپہر، گرمی جاڑا بے معنی الفاظ ہیں، حکم جاری کر دیا گیا ہے۔ آگیہ کا پالن ہونا چاہیے، اور ہو رہا تھا، ہوتا رہے گا۔

اس دفعہ جب وہ اندر پرستھ سے لوٹے تو بہت خوش نظر آ رہے تھے۔ انھیں پوری آشا تھی بلکہ وشواس تھا کہ انھیں سب سے اونچے پد کے لیے اندر پرستھ میں جلد ہی بلا لیا جائے گا۔ ایرپورٹ پر سنسد کے سارے سدسیہ لوک سبھا کے سب ممبر پھولوں کے ہار لیے موجود تھے۔ بچے ترنگی جھنڈیاں لیے نعرے لگا رہے تھے۔ پولس تعینات تھی۔ شہر میں دنگے ہوں، فساد ہوں، قتل کی، لوٹ مار کی وارداتیں ہوں، مکھیہ منتری کی آگیہ تھی ان کے سواگت کے لیے اونچ ادھیکاری ایرپورٹ پر سلامی دینے حاضر ہوں۔ مکھیہ منتری خوشی خوشی سب سے ملے، مذاق بھی کرتے رہے سب کشل منگل تھا۔ اندر پرستھ میں کاروبار ٹھیک ٹھاک چل رہا تھا۔
رات کو جشن منانے کے لیے دارو کا انتظام تھا۔ یونیورسٹی ہاسٹل سے ایک لڑکی بلائی گئی۔ یا اٹھا کر

لائی گئی۔ کچھ اپنی مرضی سے۔ کچھ خوفزدہ ہو کر۔ لڑکی بھارت کے شاندار جلوسے میں شامل ہونے کو آئی۔ یونیورسٹی ہاسٹل منترالیہ کے قریب تھا۔ قریب ہوتا جا رہا تھا۔ منتریوں کی زندگی میں لڑکیوں کا ہاسٹل بہت اہمیت رکھتا تھا —— یونیورسٹی کی لڑکی گلیمر تھا۔

مکھیہ منتری پرانے آدمی تھے، دور رس تھے چالیں چلتے تھے۔ یونیورسٹی کے دس بیس ودیارتھی جو ہاتھاپائی مار دھاڑ میں ہوشیار تھے۔ انھیں پال رکھا تھا۔ ودیارتھی کسی سنستھا کی داغ بیل ڈالتے۔ سنستھا کا نام کرن کیا جاتا۔ کسی کلچرل آرگنائزیشن کی نیو ڈالی جاتی تو مکھیہ منتری ادگھاٹن کے لیے آتے۔ سنستھا کے سکریٹری، پردھان کیشیر ان کے اپنے برخوردار ہوتے۔ ایک ایک کا نام لے کر پکارتے ان کی تعریفیں کرتے۔ ودیارتھی گدگد ہو جاتے۔ جانتے کہ نام لینے کا ایک خاص کارن ہے —— سب کو پتہ چل جاتا کہ فلاں فلاں اور فلاں اب مکھیہ منتری کے خاص آدمی ہیں۔ ان کو جائز ناجائز اختیار حاصل ہیں بس اس کے بعد یہ مٹھی بھر ودیارتھی گرجتے برستے رہتے —— ہاسٹل میں دارو پی جاتی۔ لڑکیاں اٹھالائی جاتیں اور کوئی آواز نہیں اٹھا سکتا تھا —— ان ودیارتھیوں کی بر منتری تک پہنچ تھی۔ کسی بھی وقت دن میں، رات میں ان سے مل سکتے تھے۔ وہ اکثر ان منتریوں کا جی بہلانے کے لیے انھیں ہاسٹل میں لے جاتے۔ ہاسٹل اور ہوٹل میں تمیز مٹتی جاتی تھی۔ اور جب کسی منتری کو یونیورسٹی کی کوئی لڑکی پسند آ جاتی۔ انھیں مل جاتی —— خوب چرچے ہوتے جیسے کسی مشہور فلم اسٹار سے ان کا یارانہ ہو۔

بس مکھیہ منتری کو اپنے پرانت میں اگر کسی سے ڈر تھا، تو لفظوں سے —— صبح جب بہت سے اخبار ان کے سامنے پڑے ہوتے تو وہ بڑی دیر تک ٹالتے رہتے۔ دو چار کپ چائے پی کر، بھگوان کا نام لے کر، ہمت باندھ کر وہ اخبار پڑھنا شروع کر دیتے۔

اور لفظ چیونٹیاں ہیں۔ اخبار سے نکل کر رینگنے لگتے ہیں۔ لفظ بچھو ہیں، ڈنک مارتے ہیں سنپولیے ہیں، ڈستے ہیں۔ لفظ جاسوسی کرتے ہیں۔ لفظ دماغ میں بھرے رہتے ہیں۔ لفظ میز کی دراز میں پڑے رہتے ہیں۔ لفظ فون کی گھنٹی میں سنائی دیتے ہیں۔ لفظ سفر کرتے ہیں۔ دور تک جاتے ہیں اندر پرستھ کی طرف پرواز کر سکتے ہیں۔ لفظ بہت نقصان پہنچا سکتے ہیں اور خاص طور سے اس سمے جب مکھیہ منتری اندر پرستھ کے سب سے بڑے پد کے لیے بلائے جانے والے ہیں۔

رات کی واردات کا پورا بیورا صاف صاف لکھا تھا۔ یونیورسٹی کی لڑکی کا ذکر تھا۔ جھیل کے کنارے والے کالج کا ذکر تھا۔ شراب کا ذکر تھا۔ ہاسٹل ہوٹل میں بدل رہا ہے، اس کا بیان تھا۔۔ مکھیہ منتری کی، دوسری معشوقہ کا ذکر تھا۔ اچھے لفظوں میں مزے لے لے کر تفصیلات میں، ساری باتیں چھپی ہوئی تھیں۔ رپورٹر کا نام نیا سا تھا۔ پہلے کبھی نہیں دیکھا سنا تھا۔ سارے اخباروں کے رپورٹر مکھیہ منتری کے دوست یار تھے جب بلایا جاتا آ جاتے، دارو پیتے، مکھیہ منتری نے اس کے لیے بہت سا پیسہ الگ کھاتے میں چھوڑ رکھا تھا مگر

کے دو چار چوٹی کے جرنلسٹوں کو پوری پوری اجازت تھی کہ وہ اس روپے کا استعمال اپنی مرضی سے کریں اور یہ نیا نام اور انجانے الفاظ، بولتے، چیختے، جھنجوڑتے ہوئے یہ الفاظ کہاں سے دھاوا بول رہے تھے۔ مکھیہ منتری کو تو پرانت میں خاموشی چاہیے تھی۔

جگل بابو کو سوتے میں اٹھایا گیا تھا، ان سے کہا گیا کہ ان کے ایک جرنلسٹ دوست کے ہاں محفل ہے، مشاعرہ بھی ہوگا... جگل بابو اپنے آپ کو شاعر مانتے تھے۔ ان کی اس کمزوری سے یار لوگ خوب فائدہ اٹھاتے تھے۔ کوئی نئی غزل کہتے تو یاروں کو فون کرتے، چوراہے، دفتر، گھر جا کر ملتے اور انھیں اپنے ہاں آنے کی دعوت دیتے۔ شراب حاضر ہے، کھانا حاضر ہے، غزل سنتے جاؤ —— شہر میں کوئی مشاعرہ ہوتا تو بے دعوت بھی پہنچ جاتے۔

جگل بابو سیدھے سادے آدمی تھے۔ چھوٹا قد، کالا رنگ، آنکھوں پر موٹا چشمہ۔ ان کی بیوی انھیں کا عکس تھی۔ چار بچے بھی ماں باپ کے ہی سانچے میں ڈھلے لگتے تھے... میاں بیوی کی عادتیں بھی ایک سی تھیں۔ زندگی کا پورا کاروبار تقریباً ساتھ ساتھ کرتے۔ بھاجی ترکاری خریدنا ہو، ماس مچھلی لینی ہو، شاپنگ کرنی ہو۔ جگل بابو کے چار بچے اور ایک عدد بیوی ان کے ساتھ رہتیں... سینما ساتھ دیکھتے، بیاہ شادی پر ساتھ جاتے، ایسا پیار، ایسی رفاقت کسی نے کاہے کو دیکھی ہوگی —— جب نئی غزل کہتے تو پہلے گھر میں CELEBRATE کرتے۔ کئی دن تک ایک فقرہ سرکاری سکے کی طرح بازار میں چلتا رہتا... "میں نے پرسوں ایک تازہ غزل کہی ہے..." وہ کہتے... "انھوں نے پرسوں ایک تازہ غزل کہی ہے"... بیوی مصرعہ لگاتی... "پاپا نے پرسوں ایک تازہ غزل کہی ہے"... چھوٹی لڑکی دہراتی —— یار لوگ جب تک اس غزل کا نام سنسکرن، دارو پی کر، کھانا کھا کے نہ کر لیتے، یہ ایک فقرہ چلتا رہتا۔

جگل بابو جتنے بُرے شاعر تھے، اتنے ہی اچھے جرنلسٹ تھے۔ بہت بھولے بھالے، سادہ، بے وقوفی کی حد تک دیانت دار، نیک مانس تھے۔ شہر کی چھوٹی موٹی گھٹنا کو آنکھوں سے دیکھ کر، سوچ سمجھ کر اپنی پرانی کتابی انگریزی میں کالم لکھتے، بوریت کا سارا کام ایڈیٹر ان کو سونپ دیتا اور بے فکر ہو جاتا کہ کام جگل بابو کے سپرد ہے، بس ہو گیا سمجھو —— جگل بابو دوسرے جرنلسٹوں سے کچھ الگ تھے۔ وہ شراب کی پارٹیوں میں، ڈنر میں نہیں جاتے جہاں مشہور ناموں سے ان کی ملاقات ہو۔ دن بھر آفس کے کام سے مارے مارے پھرتے تھے۔ چار بجے اپنی میز پر پہنچ کر اپنا آرٹیکل لکھتے۔ ساڑھے پانچ بجے اپنی بیوی اور بچوں کے پاس پہنچ جاتے تھے —— ٹیک اتنے تھے کہ ہر آدمی ان سے ٹائم لیتا تھا۔ ان کا ٹفن گھر سے آتا تو آفس کا کوئی نہ کوئی آدمی روز کھانے پر ہاتھ مارتا —— دوست یار ان کا مذاق اڑاتے اور وہ خود بھی ان کی ہنسی میں شامل ہو جاتے۔

جب جگل بابو نے کپڑے بدل کر اپنا موٹا چشمہ چڑھایا تو سمجھ گئے کہ دال میں کچھ کالا ہے۔ یونیورسٹی کے

چار پانچ ہٹے کٹے ہٹے نوجوان ان کی طرف بڑھے۔ ان کا ماتھا ٹھنکا . . . وہ سوچنے لگے کہ ان سے کہاں غلطی ہوئی ہے۔ مگر اتنے سادہ لوح تھے کہ طے نہیں کر پائے۔ پھر ان لڑکوں نے انھیں وقت ہی نہیں دیا۔ ہنستے کھیلتے، دھکیلتے کار میں لے گئے اور ان کو دبا کر بیٹھ گئے ——— ایک لڑکا ڈرائیور کی سیٹ پر پہلے ہی سے بیٹھا ہوا تھا۔ اب انھیں پتہ چلا کہ سب کے سب پٹے ہوئے ہیں۔ اب انھیں یقین ہو گیا کہ آج ایک ایسا مقام آیا ہے جو شاید ان کی زندگی بدل دے۔ ان کو گھٹن سی ہونے لگی ——— گاڑی ان کے دوست کے گھر نہیں جا رہی تھی جہاں مشاعرہ تھا بلکہ راستے سے ہٹ کر کہیں اور جا رہی تھی۔ لڑکے ہنس رہے تھے، آپس میں مذاق کر رہے تھے، گالیاں دے رہے تھے۔ کار میں انھوں نے پھر پینی شروع کر دی تھی۔

کار ایک جگہ رُکی۔ انھیں گھسیٹ کر باہر نکالا گیا ——— سردیاں شروع ہو چکی تھیں۔ بالکل سناٹا تھا، ہوا سائیں سائیں کر رہی تھی۔ درخت خوف سے کانپ رہے تھے، واویلا مچا رہے تھے۔ یہ کوئی کھیل کا میدان تھا۔ لڑکے جگل بابو کو فٹ بال سمجھ کر دیر تک کھیلتے رہے۔ گندی گالیاں دیتے رہے۔ جگل بابو نے چپ سادھ لی۔ اُف نہ کی، مار بھی کھاتے رہے۔

جگل بابو کو پھر گاڑی میں ٹھونسا گیا۔ اب ان کو بیٹھنے کے لیے زیادہ جگہ کی ضرورت نہ تھی۔ جگہ جگہ سے درد کی ٹیسیں اٹھ رہی تھیں۔ وہ مار کھائے ہوئے کتے کے پلّے کی مانند دبکے بیٹھے تھے۔ دل بُری طرح دھڑک رہا تھا۔ ذہن میں ایک ہی سوال سائیں سائیں کر رہا تھا، کہاں غلطی ہوئی ہے ——— آنکھوں کے سامنے اندھیرا تھا۔

پھر انھیں مکھیہ منتری کے حضور میں پیش کیا گیا ——— مکھیہ منتری آلتی پالتی مارے بیٹھے تھے۔ شراب پی رہے تھے۔ انھوں نے اس جرنلسٹ کو بہت غور سے دیکھا، پہلے کبھی نہیں دیکھا تھا۔ نہ کسی پارٹی میں نہ کسی جشن میں ——— نہ کسی سرکاری فنکشن میں، نہ کسی اُدگھاٹن میں، نہ جرنلسٹوں کے ساتھ، جن کو وہ اپنے گھر بلا کر شراب پلایا کرتے تھے۔ بے حد معمولی جامہ پہنے ہوئے جگل بابو، جو سردی کے مارے کم اور ڈر سے زیادہ کانپ رہے تھے ——— مکھیہ منتری کو ایک بات پر گروہ تھا کہ یہ جرنلسٹ ان کو جانتا ہی نہیں۔ یہ نہیں جانتا کہ لفظوں سے ان کو بیر ہے۔ انھوں نے درباریوں سے پوچھا . . . برخوردار ان کی خاطر کی ہے کہ نہیں . . . تھوڑی سی کی ہے . . . تھوڑی سے کام کیسے چلے گا، یہ پڑھے لکھے آدمی ہیں۔ کبھی ان سے ملاقات نہیں ہوئی، آج ہی تو موقعہ ملا ہے، ان کی اچھی طرح سیوا کرو۔

اب جگل بابو کو جھیل پر لے جایا گیا۔ پہلے ان کی خوب دھلائی کی گئی۔ پھر جھیل کے ٹھنڈے پانی میں ان کو غوطے دیے گئے۔ جب ان لوگوں کو یقین ہو گیا کہ جگل بابو کو نمونیہ ہو سکتا ہے اور اس سے پہلے وہ مر بھی سکتے ہیں تو ان کو چاروں نے اس طرح پکڑا جیسے کسی مرے ہوئے جانور کو اٹھاتے ہیں۔ چاروں نے انھیں ایک ایک بازو، ایک ایک ٹانگ سے پکڑ کر اٹھایا ——— لاد کر مکھیہ منتری کے پاس لائے۔ جگل بابو

کا چشمہ جھیل کی نذر ہو چکا تھا۔

جگل بابو نے اپنی دھندلائی آنکھوں سے مکھیہ منتری کی طرف دیکھا تو انھیں یقین ہو گیا کہ یہ وہ مہان آدمی ہیں جن کی ساکھ اندر سسٹم میں بہت اچھی ہے۔ پھر ان پر کپکپاہٹ طاری ہو گئی۔ جسم چور چور تھا۔ موت آنکھوں کے سامنے تھی۔ ایک لفظ، ایک حکم کی ضرورت تھی اور کوئی کچھ نہیں کر سکتا تھا۔ ان کے اپنے اخبار میں ان کی موت کی خبر چھپ سکتی تھی ——— جگل بابو دہاڑیں مار مار کر رو پڑے۔ وہ مکھیہ منتری کے قدموں میں جا گرے اور ان سے معافی کی بھیک مانگنے لگے۔

مکھیہ منتری نے مسکرا کر ان کی طرف دیکھا اور آج کی سچائی کے بارے میں بولنے لگے اب وہ پوری بوتل ختم کر چکے تھے۔ انھوں نے کہا کہ۔۔ ۔ صرف ان شبدوں کا استعمال کیا جائے جو معنی کھو چکے ہیں۔ اپنی گرجدار آواز میں بولے کہ وہ لکھا جائے جو سب لکھتے ہیں ——— بھارت درش میں کتنی سمسیائیں ہیں۔ غریبی ہے۔ کرپشن ہے، ذات پات کا بھید بھاؤ ہے، آدی واسیوں کا جھگڑا ہے۔ ہری جنوں کے بارے میں لکھا جانا چاہیے۔ کوئی سمسیا حل نہیں ہوئی ہے۔ ایسا لکھنے میں برائی نہیں ہے۔ آپ اپنا کرتویہ بھی نبھا رہے ہیں۔ ہماری آلوچنا بھی کر رہے ہیں۔ یہ سرکار کے لیے بھی اچھا ہے اور آپ کے لیے بھی ——— سرکار نے پریس کو آزادی دے رکھی ہے۔ ۱۹۴۷ء سے یہ گٹھ جوڑ چل رہا ہے۔ یہ ملاپ ہے۔ لیکن یہ چھوٹی سی گھٹنا کہ دریا کے کنارے کالج میں یونیورسٹی کی ایک لڑکی تھی۔ کتنی نیچی بات ہے۔ سب جانتے ہیں۔ یونیورسٹی کی لڑکیاں خود آتی ہیں۔ وہ اپنا بھوشیہ بنا رہی ہیں۔ اس بات سے کسی کو کیا لینا دینا۔

پھر مکھیہ منتری کو پتہ چل گیا کہ جگل بابو شاعر ہیں ——— غزلیں لکھتے ہیں، بڑے شاعر ہیں، اس لیے سرکار کے بہت کام آ سکتے ہیں۔ وہ جلدی ایک کتاب چھپا دیں۔ مکھیہ منتری اس کا ادگھاٹن کریں گے۔ سرکاری مشاعروں میں انھیں بلایا جائے گا۔ خوب خاطر ہوگی ان کی، ایسی نہیں جو ابھی ہوئی ہے۔ دارو، پیسہ اور گاڑی ان کو ملیں گے، لڑکی کا بندوبست وہ خود کریں۔ سرکار نے یہ کام ابھی شروع نہیں کیا ہے۔

جگل بابو نے مکھیہ منتری کے پاؤں چھوئے، ماتھا ٹیکا۔ لڑکوں کے سامنے ہاتھ جوڑے۔ انھوں نے سو بار مکھیہ منتری سے اپنے کیے پر معافی مانگی۔ پھر مکھیہ منتری کا خاص ڈرائیور انھیں گھر پہنچانے گیا۔

جگل بابو کی کتاب چھپ گئی۔ مکھیہ منتری نے اس کا ادگھاٹن کیا۔ کتاب سرکاری پیسوں سے چھپی تھی۔ جگل بابو سرکاری مشاعروں میں بلائے جانے لگے۔ سمان ملنے لگے پیسے کو ——— اب انھوں نے کبھی پہلے کی طرح لکھنے کی غلطی نہیں کی۔ اب ان کے گھر پر مشاعرہ نہیں ہوتا تھا۔ اب وہ کسی کو دعوت نہیں دیتے تھے۔ اب کوئی ان کا مذاق نہیں اڑاتا تھا۔ اب وہ خود اپنے آپ پر نہیں ہنستے تھے۔ ٹفن آتا تو اکیلے کھاتے ——— دیانت داری، پرسنل کمٹمنٹ، سچائی جیسے الفاظ ان کی زبان پر نہیں آتے تھے۔ اب وہ صرف ان

الفاظ کو استعمال کرتے جو سکالری ڈکشنری میں دیے ہوئے تھے۔

اب کی دفعہ جب مکھیہ منتری ایمی خبرے کر اندر پرستھ سے لوٹے تو ایئرپورٹ پر پہنچے پیچر پولیس اور ودھان سبھا کے ممبروں کے گارڈ آف آنر کا نری کمیشن لیا تو انھوں نے دیکھا کہ اِس بھیڑ میں جنگل یا لوبھی ہاتھ جوڑے کھڑے تھے۔

تیرھواں مہینہ

گدڑیاہ کے پاس ایک چھوٹے سے گاؤں میں ایک چھوٹا سا واقعہ ہوا ——— صبح ۵ بجے راگی پورن سنگھ کی آواز کی بجائے کیرتن کا ایک ریکارڈ لگا دیا گیا۔ آواز بالکل ٹریکٹر کی طرح چل نکلی ——— یہ نئے سمے کی جیتا دنی تھی . . . بھائی جوگا سنگھ اس بار جب امرتسر سے لوٹے تھے تو ڈھیر سارے ریکارڈ خرید کر لائے تھے جن میں پیشہ ور گائیکوں نے کیرتن، بھجن، امرت وانی، جپ جی کا پاٹھ اور گروبانی کو ساز سنگیت کے ساتھ گایا تھا ——— اب راگی پورن سنگھ کی آواز کو پرانے بیلوں کی جوڑی کی طرح، جن میں بے شمار گھنگھرو لگے تھے، جن کی چال میں مستی تھی، جو کسانوں کے دوست، سنگے رشتہ دار، دکھ سکھ کے ساتھی تھے اور پرمپرا کو صدیوں سے کندھوں پر ڈھو کر لائے تھے، بھلا دیا گیا تھا۔ ان کو ہٹا کر اب ڈیزل کا ٹریکٹر، جو دھواں چھوڑتا تھا۔ غرّاتا رہتا تھا جو نئی صدی کی علامت تھا —— ترقی کی بنیاد تھا، استعمال ہوتا تھا۔

لوگوں نے سوتے ہوئے کروٹ بدلی —— کسان اٹھ کھڑے ہوئے۔ گھر والیوں نے آگ جلانے کی کوشش کی۔ گھر والوں نے اپنی بھینسوں اور گایوں کی پیٹھ پر دودھ دھونے کے لیے ہاتھ پھیلا۔

تھپکی ماری ——— سب نے اپنی اپنی جگہ پر محسوس کیا کہ کہیں کوئی بُری بات ہوئی ہے۔ خرابی کے آثار آہستہ آہستہ صبح کی روشنی کے ساتھ نمودار ہو رہے ہیں۔ ہوا بھی کہیں کچھ دیر چل کر اپنی چال بدل گئی ہے۔ لیکن کوئی بھی فیصلہ نہ کر سکا کہ خرابی کیا ہے، اور اس کی شروعات کہاں سے ہوئی ہے۔ کسی بدشگونی کی طرح جیسے چیل اور گِدھ پُرانے پیڑ پر آ بیٹھے ہوں۔

لیکن کوئلوں کی چھوٹی سی ٹولی پر بہت بُری گزری۔ کسی نے نہ جانا، کسی نے اُن کی تکلیف کا اندازہ نہ لگایا۔ آہ و زاری، فریاد نہ سُنی۔ وہ گھٹی گھٹی آواز کے ساتھ دم سادھے اُڑ پھر رہی تھیں۔ بھونچال آگیا ہو جیسے۔ کوئیلیں راگی پورن سنگھ کی آواز پہچانتی تھی ——— صبح ہوتے ہی آواز کے ساتھ ساتھ وہ اپنی صبح شروع کرتیں رات کو تیاگ کر نئی صبح کا آغاز کرتیں اور راگی کی آواز کے ساتھ اپنی سُریلی تان چھیڑتیں۔ یہ آواز کی لہر کی طرح، کسی بادل کے ٹکڑے کی طرح، صبح کی دھوپ کی رفتار کی طرح، درختوں کی ٹہنیوں سے گزر کر، دریا پار کر کے، ٹیلوں، ٹبوں کی طرف شبنم گھڑی کی طرح پھیل جاتیں۔ اور کبھی کبھی راگی دیر سویر کرتے تو کوئل اپنی آواز صبح کی منڈیر میں شامل کر کے راگی کو گدگدی کرتی اور راگی اٹھ کر گرو مہاراج کا گن گان کرتے۔ پھر کوئل اپنی سکھی کو جگاتی۔ سکھی اپنی رازداری سے ہنس کر بات کرتی۔ رازدار ٹوا کیے کی طرح پڑوس میں اپنی بہن مینی کو سُکھ سماچار سُناتی . . . صبح ہو گئی ہے صبح ہو گئی ہے۔ کوئل کی ٹولی نے تو تال میل جوڑ لیا تھا۔ کبھی راگی کی آواز ابھرآتی او کبھی کوئل کی . . . آج ایک ریکارڈ کے لگتے ہی وہ درخت سے درخت تک اُڑتی پھرتی رہیں۔ اب ان کی آواز کون سنے گا ——— راگی کی طرح وہ بھی اپنا درد سمیٹ کر بوکھلائی ہوئی ادھر ادھر اُڑا کیں!!!

کوئلوں کی طرح دوسرے پنچھی بھی پریشان ہوئے۔ چڑیاں چوں چوں کرتی رہ گئیں۔ طوطا تو چغل خوری کے لیے پہلے ہی بدنام تھا۔ بیا پنچھی اپنے سات رنگوں کے ساتھ آہ و زاری کرتے رہے۔ اُن کی ننھی ننھی آواز تو ان کو بھی نہیں سنائی دے رہی تھی اور لگھیوں کی گُکار کی ڈار جہاز کے بادبان کی طرح نیلے آسمان میں احتجاج کرتی رہی۔ سب پریشان تھے ——— سب اداس تھے ——— انسانوں کی اس بستی میں بھلا پنچھی پکھیرو کا کیا بس!!!

ایک ایمبسڈر کار ٹیلے ٹبوں کو پار کرتی ہوئی گاؤں کے باہر ایک چوراہے پر جا کر کھڑی ہوئی، تو کسان، بوڑھے، بچے، عورتیں اپنے اپنے گھروں سے باہر نکلنے لگے۔ جھانکنے لگے۔ کار ایک بدشگونی کی طرح اپنا کالا رنگ لیے کھڑی رہی۔ ایک بوڑھا غریب جٹ کسان ڈرتے ڈرتے گاڑی کے پاس پہنچا۔ ——— دونوں ہاتھ جوڑے۔ عرض گزاری، کہ ان سب نے اپنے قرض چکا دیے ہیں۔ اب بینک کی کار کیوں اس گاؤں میں پدھاری ہے۔ اور بڑے سمے سے وہیں براجمان ہے۔ اور اُن کے چھوٹے چھوٹے مٹی کے گھروں کی طرف چیل کی تیز آنکھوں سے تکے جا رہی ہے۔

دُنیا کے کسی کیلنڈر میں تیرھواں مہینہ نہیں ہوتا۔ تہذیب یافتہ لوگ اس مہینے سے ناواقف

ہیں۔ سُنا بھی نہیں۔ چائے، کافی پر سُنا ہے تو گپ شپ کی طرح وقت گزاری کے بعد بُھلا دیا گیا ہے۔ لیکن یہ مہینہ غریب کسانوں کی زندگی میں تباہی بن کر آتا ہے۔ منڈیر پر چیل کی طرح بیٹھا رہتا ہے۔ آفت کی طرح دروازے کے باہر رُکا رہتا ہے۔ گاؤں کے کتے بھی اس مہینے کو جانتے ہیں۔ شکل سے پہچانتے ہیں۔ کیوں کہ ان کی زندگی بھی غریب کسانوں کے ساتھ جُڑی ہوئی ہے۔ روٹی کا ٹکڑا ان کے گھروں ہی سے ملتا ہے۔ اگر اچھے دن ہوں، فصل اچھی ہو — — اور فصل بُری ہو، بارش نہ ہوئی ہو، سوکھا پڑ گیا ہو، تو تیرھواں مہینہ کسی قہر کی طرح اوپر سے کسانوں کے گھروں پر نازل ہوتا ہے۔ کتے سب سے پہلے اس مہینے کو دیکھ لیتے ہیں۔ پھر ان کو دن رات کی تمیز نہیں رہتی۔ وہ دن رات اس مہینے کو دیکھ دیکھ کر روتے رہتے ہیں۔ کتنے لوگ بھوکے مریں گے۔ ڈور ڈنگر کی لاشیں گاؤں کے باہر کھیتوں میں جگہ جگہ پائی جائیں گی۔ دیکھتے دیکھتے یہ ہرا بھرا گاؤں، بھوکے کتوں، چیلوں، گدھوں، کائیں کائیں کرتے ہوئے کوّوں سے بھر جائے گا۔ ہوا سانس لینا بند کر دے گی — گھروں میں چولھے نہیں جلیں گے اور روز کسی نہ کسی گھر سے عورتوں کے وِلاپ کی آوازیں ابھریں گی۔

پچھلے سے پچھلے سال جب تیرھواں مہینہ قہر کی طرح گاؤں پر نازل ہوا تو سارے کسان اکٹھے ہوئے۔ وہ بھائی جوگا سنگھ کے چوبارے والے گھر میں گئے اور ان کے بڑے سے بڑے آنگن میں سر گھٹنوں میں دے کر بیٹھ گئے۔ بھائی جوگا سنگھ اس وقت جپ جی کا پاٹھ کر رہے تھے۔ بہت دیر تک آنکھیں موندے وہ پاٹھ کرتے رہے۔ جب وہ اپنی بڑی بڑی، موٹی موٹی لال لال آنکھیں کھول کر باہر آنگن میں آئے تو کسانوں کو اکٹھا دیکھ کر اُن کا دل دہل گیا۔ نرم آواز سے پوچھا . . . تو آہ وزاری کے ساتھ کسان بول اٹھے کہ تیرھواں مہینہ گاؤں میں آ چکا ہے — — بال بچوں، ڈور ڈنگروں کو موت سے صرف آپ ہی بچا سکتے ہیں۔

بھائی جوگا سنگھ پر گرو مہاراج کی کرپا تھی۔ ۵ سو سے زیادہ کِلّوں کے مالک تھے۔ کوئی بھی افسر، منسٹر، پولیس کا افسر اس گاؤں میں اترتا تو بھائی جوگا سنگھ کے چوبارے والے گھر میں براجمان ہوتا۔ تیتر بٹیر انگریزی دارو کے ساتھ خاطر داری ہوتی۔ الیکشن کے دِنوں میں تو ان کے گھر میں بیساکھی کا میلہ لگا رہتا —— سارے بینکوں کے منیجر ہفتے کی ہر شام ان کے پاس آ کر ان کی خیر خبر لیتے۔ اپنا حال چال سُناتے۔

دوسرے دن گاؤں کے بڑے گردوارے میں اکھنڈ پاٹھ رکھا گیا۔ راگیوں کی ٹولی نے کیرتن کیا۔ ارداس پڑھی گئی۔ گرو مہاراج تیرھویں مہینے سے غریب کسانوں کو بچائیں۔ جب اکھنڈ پاٹھ کا بھوگ ہوا تو ایک منسٹر بھی اس شبھ کاریہ میں شامل ہوئے اور اعلان کیا کہ کسان ان داتا ہے، پالن ہار ہے۔ اگر وہ ہی نہیں رہے گا تو دیش بھوکا مر جائے گا۔ اس لیے گرو مہاراج کی مہربانی سے بھائی جوگا سنگھ کی دیا سے ہر آدمی کو بینک سے قرض ملے گا۔ اور اگلے سال جب فصل ہوگی تو کسان اپنا قرض چکا دیں گے۔ بھائی

جوگا سنگھ اپنے جوگیا لباس میں گرو کا اوتار لگ رہے تھے۔ کچھ ہی دنوں میں بینک کے آدمی پدھارے بھائی جوگا سنگھ کے چوبارے والے گھر کے باہر کسانوں کی بڑی سی قطار لگی۔ ۔ ۔ پاس ہی پانی کے پیاؤ لگے۔ بھائی جوگا سنگھ نے لنگر کا انتظام کیا۔ کسان دُور دُور سے پیدل چل کر آئے تھے۔ سارا دن کیسے بھوکے پیاسے رہیں گے۔ گاؤں کے سرپنچ پٹواری بھی بھائی جوگا سنگھ کے ساتھ کرسیوں پر براجمان تھے بہت شبھ سمے تھا۔ ۔ ۔ کسان باری باری اٹھتے، پیسے لیتے، انگوٹھا لگاتے۔ بینک منیجر کو ہاتھ جوڑ کر نمسکار کرتے۔ سرپنچ اور پٹواری کو نمسکار کرتے پھر گدگد ہو کر بھائی جوگا سنگھ کے پاؤں چھوتے، کئی تو ان کے پاؤں سے لپٹ کر رو پڑے تھے۔ بھائی جوگا سنگھ بڑے پیار سے ان کو تھپکی دیتے۔ ان کو سہارا دے کر اٹھاتے۔ کئی بار ان کو، اپنے بھاری دیہہ کے ساتھ اٹھنا بھی پڑا۔ کبھی ایک کو گلے بھی لگایا۔۔۔ کسان دعائیں دے رہے تھے۔ ۔ ۔ گرو مہاراج بھائی جوگا سنگھ کا سایہ ان پر برقرار رکھے۔ وہ چڑھدیاں کلاں میں رہیں۔ گرو مہاراج کی ان پر اپار کرپا ہو۔

دوسرے سال گرو مہاراج کی کرپا سے فصل اچھی ہوئی۔ اس میں کسانوں کی محنت، ہڈ ماس، پسینہ بھی شامل تھا۔ فصل کے کٹتے ہی کئی ایمبیسڈر گاڑیاں گاؤں کے باہر آ کر رکیں۔ بینک کا افسر بھی آیا۔ سب کو 'سدا' دیا گیا۔ کوئی افسر کے لیے کھاٹ اٹھا لایا۔ کسی نے چائے پانی کا انتظام کیا۔ دوپہر کے کھانے کا بھی پربندھ ہوا۔ ڈھیر سارا گھر کا مکھن، لسی، کھیتوں سے ہرا ہرا ساگ پکایا گیا۔ بینک کا افسر جب کھانا کھا رہا تھا تو ایک بزرگ کسان جس کے بال برف کی طرح سفید ہو چلے تھے اپنی پگڑی کے پلّو سے بینک افسر کو پنکھا کرنے لگے تاکہ بینک کے افسر کو گرمی نہ لگے۔ کھانے پر مکھی نہ بیٹھے۔ شام ہوتے ہوتے ہر کسان اپنی رقم چکا چکا تھا۔ جاتے ہوئے ہر کسان نے چھوٹی موٹی سوغات ایمبیسڈر گاڑی میں ڈال دی تھی۔ بینک کا افسر سوغاتوں سے لدی گاڑی اور پیسے لے کر چل نکلا تھا۔ کار دھواں اڑاتی گاؤں سے باہر نکلی۔ کسان بڑی دیر تک ہاتھ جوڑے وہیں کھڑے بھاگتی ہوئی گاڑی کو دیکھتے رہے ـــــ وہ قرض چکا کر سرخرو تھے

لیکن غریب آدمی کے گھر تیرھواں مہینہ، روپ بدل بدل کر آتا ہے۔ کبھی قدرت کا قہر بن کر کبھی سرکار کی مہربانیوں کے کارن، غریبی تو کسان کے ساتھ پرچھائیں بن کر رہتی ہے۔ کسان موسم میں ہی پیٹ بھر کھانا کھا سکتا ہے۔ وہ ہمیشہ اپنے صبر کو آزماتا رہتا ہے۔ قسمت مان کر سر جھکا لیتا ہے۔

اگلے سال جب فصل کھڑی ہوئی تو بینک کی گاڑی ٹینک توپ کی طرح گاؤں کے ٹیلے پر آ کھڑی ہوئی۔ گاڑی کا رخ سبھی کے گھروں کی طرف تھا۔ دھیرے دھیرے گھروں سے عورتیں، دروازوں کی آڑ لیے جھانکنے لگیں۔ ایک ہلچل مچ گئی ـــــ صدیوں سے گھبرایا ہوا کسان کانپ گیا۔ ہمت کر کے جب کچھ ایک کسان گاڑی کے پاس پہنچے تو پتہ چلا کہ وہ اپنا قرض مانگنے آئے ہیں ـــــ بینک افسر کا چہرہ بدلا ہوا تھا ایک واویلا مچ گیا۔

پھر اُسی طرح سارے کسان اور گیانی پورن سنگھ اکٹھے ہو کر بھائی جوگا سنگھ کے چوبارے والے گھر میں گئے۔ ان کے بڑے آنگن میں سر گھٹنوں میں دے کر بیٹھ گئے۔ بھائی جوگا سنگھ اس وقت جپ جی کا پاٹھ کر رہے تھے۔ بہت دیر تک آنکھیں موندھے وہ پاٹھ کرتے رہے۔ جب وہ اپنی بڑی بڑی، موٹی موٹی، لال لال آنکھیں کھول کر باہر آنگن میں آئے تو کسانوں کو اکٹھا دیکھ کر اب کی بار حیران نہ ہوئے۔ آہ وزاری کے ساتھ کسانوں نے اپنی نئی بپتا سنائی . . . تیرھواں مہینہ روپ بدل کر گاؤں میں آ چکا ہے۔ وہ قرض چکا چکے تھے۔ بنک کا افسر اپنی شکل بدل کر پیسے مانگ رہا ہے . . . اُس کا کہنا ہے کہ بنک میں پیسہ نہیں پہنچا۔ وہ قرض چکا دیں نہیں تو جیل جانا پڑے گا۔ وہ غریب ہیں۔ وہ دوبارہ کس طرح وہ قرض چکا سکتے ہیں۔

بھائی جوگا سنگھ نے گہری سانس لی۔ اپنی بھاری، مدھم، ریشمی آواز میں دُنیا کے کاروبار، چلن، سرکار کے بارے میں اپنے وچار پرگٹ کرتے رہے . . . دھوکہ دیہی ہے ہر طرح، لوگ لالچی ہیں۔ جھوٹے ہیں، لوٹتے ہیں۔ رشوت خور ہیں۔ بہتری اسی میں ہے کہ وہ قسطوں میں قرض چکا دیں۔ اب کی بار ان کے سامنے پیسے چکائیں تا کہ کوئی ان کو دھوکا نہ دے سکے۔ بنک کا وہ پرانا افسر تو ہے نہیں اب۔ اُس کا جانے کہاں تبادلہ ہو گیا ہے۔ اگر وہ کورٹ کچہری میں جائیں گے تو فیصلہ ہوتے ہوتے زندگی گزر جائے گی۔ فصل کون بوئے گا، بیج کون ڈالے گا، کاٹے گا کون؟ ——

اب کسانوں کے ہاں کبھی کبھار چولہا جلتا۔ وہ ایک بار پکاتے تو تین بار کھاتے۔ گھر کی عورتیں چولہوں کے پاس سر گھٹنوں میں دیے ولاپ کرتیں۔ بچے بھوک سے رو پڑتے۔ گاؤں کے کتے تیرھویں مہینے کی شکل پہچانتے تھے۔ وہ دن رات اس کی صورت دیکھ کر روتے رہتے۔ لیکن کسانوں نے سمجھوتہ کر لیا تھا۔ نہ وہ سرکار کے ساتھ لڑ سکتے تھے نہ زمیندار کے ساتھ۔ انھوں نے یہ بھی سنا تھا کہ وہ بنک افسر بھائی جوگا کے چوبارے والے گھر میں ہفتے کے آخر اب بھی آتا ہے۔ انگریزی دارو پیتا ہے۔ خوب ہنسی مذاق ہوتا ہے۔ کسان بھائی جوگا سنگھ کے ساتھ بھی نہیں لڑ سکتے تھے۔ وہ اس کو بھی قسمت مان کر اپنی سرکار کی مرضی جان کر، سر جھکائے سارے حکم مان رہے تھے۔

لیکن کوئیلوں کی ٹولی پر بہت بُری گزری۔ کسی نے نہ جانا۔ کسی نے ان کی تکلیف کا اندازہ نہ لگایا —— آہ وزاری، فریاد نہ سُنی۔ کوئیلوں کے ساتھ دوسرے پنچھی بھی پریشان ہوئے۔ چڑیاں چوں چوں کرتی رہ گئیں۔ توتا پتنگ کی طرح ٹہنی پر لٹکا رہ گیا۔ WEAVERS رہے سات رنگوں کے ساتھ آہ وزاری کرتے رہے۔ اور گدھیوں کی پکار کی گونج آسمان میں احتجاج کرتی رہی۔ کیوں کہ راگی پورن سنگھ کی آواز تو ہمیشہ کے لیے بند ہو گئی تھی۔ کیرتن کے ریکارڈ بجتے رہے اور اب تو اس آواز کے ساتھ کسان عورتوں، بچوں اور گاؤں کے کتیوں کے رونے کی آواز بھی شامل تھی۔

بانجھ

میں بہت دنوں بعد شہر لوٹا تھا —— پلین کا سفر مجھے ہمیشہ تھکا دیتا ہے اور میرا دوسرا دن بیکار رہتا ہے —— ابھی تک وہ آواز میرے ذہن میں گونج رہی تھی۔ میری نسیں، میری رگیں تنی ہوئی تھیں —— نیند کا بوجھ بھی تھا اور آواز کی بدمزگی بھی —— تھوڑی دیر ریڈیو سنتا رہا۔ پھر چھت کو تکتا رہا، کچھ دیر پڑھنے کی بھی کوشش کی اور یوں من کو سمجھا بجھا کر دماغ کو بے تکی باتوں میں لگا کر اونگھنے لگا تھا کہ مجھے کسی کتے کے رونے کی آواز آئی۔ میں چونک کر اٹھ گیا جیسے کوئی برا خواب دیکھا ہو۔ گھڑی دیکھی تو ساڑھے گیارہ بج رہے تھے۔ لیکن آواز باقاعدہ اب بھی آرہی تھی۔ کوئی کتا میری بالکنی کے نیچے جھونپڑپٹی میں رو رہا تھا —— اب نیند اچاٹ ہوگئی۔ بتی روشن کرکے، سر ہاتھوں میں لے کر میں بیٹھ گیا اور اس انتظار میں تھا کہ کب کتا رونا بند کرے اور کب مجھے نیند آئے ——

تھوڑی دیر بعد مجھے احساس ہوا کہ آواز کچھ جانی پہچانی معلوم ہوتی ہے۔ کہیں سنی ہوئی ہے یہ آواز قریب سے —— دل بے چین ہوگیا —— ویسے بھی میرا رشتہ آدمیوں سے زیادہ

جانوروں سے رہا ہے۔

میرے ذہن میں اب بھی ایروپلین کا انجن چنگھاڑ رہا تھا۔ اس لیے میں کتے کی آواز تھوڑی دیر تک نہ پہچان سکا ـــــ لیکن یکایک مجھے احساس ہوا کہ یہ تو گیتا کا کتا ہے۔ اور وہ جھونپڑپٹی میں کیسے آگیا ـــــ؟

نیند تو اُچاٹ ہو ہی چکی تھی، میں اُٹھ کر باہر آگیا۔ چوکیدار مجھے دیکھ کر میرے پاس آگیا۔ میں نے پوچھا کہ یہ کتا کس کا ہے؟

اس نے جواب دیا۔۔۔ "گیتا میم صاحب کا ـــــ"

"گیتا میم صاحب کا ـــــ؟"

"ہاں صاحب ـــــ!"

"لیکن وہ جھونپڑپٹی میں؟"

"صاحب، میم صاحب نے اس کو چھوڑ دیا ہے، ادھر نیچے وہ عورت دارو کا دھندہ کرتا ہے نا اس کو دے دیا ہے ـــــ گوشت کے لیے دو چار روپے بھی دیتا ہے میم صاحب ـــــ لیکن صاحب کتا خراب ہو گیا ہے ـــــ کاٹتا ہے ـــــ بھونکتا ہے ـــــ کچھ کھاتا نہیں۔

"لیکن گیتا نے اس عورت کو دیا کیوں ـــــ؟"

وہ مجھے ایسے دیکھ رہا تھا جیسے میں سب کچھ جان کر بھی انجان بن رہا ہوں۔ میں اُداس ہو کر لوٹ آیا۔ بتی آف کر دی اور اندھیرے میں گھٹنوں میں سر رکھ کر سوچنے لگا۔ راجا کے رونے کی آواز ساری رات میری روح کو جھنجوڑتی رہی۔

اب میرا گیتا سے کوئی تعلق نہیں ـــــ چار سال کی دوستی ٹوٹ چکی ہے۔ جس گیتا کو میں جانتا تھا وہ کوئی دوسری گیتا تھی ـــــ دیوداسی کی طرح لہرا کر کالونی سے جب گزرتی، مرد تو کیا عورتیں بھی اسے پلٹ کر دیکھتیں۔ سانولا رنگ، تیکھے نقوش، دیوداسیوں کی طرح ہی گہرے کالے گھنے بال جو اس کے شانوں پر بکھرتے تو اس کی پیٹھ پر سانپوں کی طرح کر تک لہراتے۔ ایک طرح کی بے باکی تھی اس کی ساری ذات میں ـــــ ہندستانی عورت کی جھجک اس میں نہیں تھی۔ چاہتی تو خودکشی کرنے میں کوئی کسر نہ اٹھا رکھتی تھی۔ اور سیکس کے بارے میں جتنا میں نے پڑھا تھا، گیتا کے جسم نے سب بھلا دیا تھا۔ پھر اس کا تعلق کسی بزنس مین سے ہوا۔ مجھے پتہ چلا تو میں نے اس سے رشتہ توڑ دیا۔ لیکن اس کے جسم کی عادت نے مجھے بہت پریشان کیا اور گیتا اس بات کو جانتی تھی ـــــ اکثر کہتی۔۔۔ "تم مجھے نہیں چھوڑ سکتے۔۔۔"

میری اس سے پہلی ملاقات بھی اس کے پیلے کتے کی وجہ سے ہوئی تھی۔ گیتا کا ایک السیشین کتا تھا۔ اس کا نام بھی اس نے راجا ہی رکھا تھا۔ گرمیوں کے دن تھے۔ کافی لوگ باہر کالونی میں چہل قدمی کر رہے تھے۔ رات زیادہ ہو گئی اور لوگ دھیرے دھیرے سونے کے لیے اپنے گھروں میں جانے لگے۔ ایسے میں راجا چلانگتا ہوا باہر آیا اور گیتا بھی اس کے پیچھے

"راجا راجا" چلا رہی تھی۔ اس کی آواز میں سختی نہ تھی بلکہ عجیب سی مادرانہ خفقت تھی۔ میں جانتا تھا کہ گیتا مجھ میں دلچسپی رکھتی ہے۔ مہینوں سے وہ مجھے آتے جاتے دیکھا کرتی ہے۔ کبھی کبھی مجھے دیکھ کر مسکراہٹ بھی اس کے ہونٹوں پر پھیل جاتی ہے۔ لیکن میں نہایت شرمیلا اور کم گو ہوں اسے پسند کرتے ہوئے بھی پہل نہ کر سکا —— اب جو وہ بھاگتے ہوئے گزری تو ہنستے ہوئے بولی . . . "دیکھیے نا راجا کتنا پریشان کرتا ہے . . ." اور اس طرح راجا کے ذریعے میری گیتا کے ساتھ دوستی ہو گئی —— جس کا ذکر وہ اکثر کیا کرتی کہ اگر راجا نہ ہوتا تو شاید وہ مجھ سے کبھی نہ ملتی۔

پھر راجا بیمار رہنے لگا —— گیتا نے اس کی اس قدر سیوا کی جو کوئی ماں اپنے بچے کے لیے نہیں کر سکتی۔ دن رات اس کا خیال رکھا۔ خوب پیسے خرچ کیے۔ گاڑی میں بٹھا کر بمبئی کے بڑے ڈاکٹروں سے علاج کرایا۔ مجھ سے ملنا تک ترک کر دیا اور ایک دن راجہ مر گیا۔ گیتا نے اپنے دالان میں قبر کھدوائی اور اسے دفن کر دیا۔ مہینوں وہ راجہ کے بارے میں باتیں کرتی رہی۔ برسوں اس کا سوگ منایا جیسے کوئی اپنے بچے کا مناتا ہے —— میں نے کئی بار اس سے کہا کہ شادی کر لو اور بچے پیدا کر لو . . . وہ ہنس کر جواب دیتی کہ راجا اس کا بیٹا ہی تو ہے۔

راجہ کے مرنے کے بعد اس کا گھر جیسے سُونا ہو گیا۔ گھر جاتی تو گھر کاٹنے کو دوڑتا۔ کام کے بعد کوئی مصروفیت، کوئی لگاؤ نہیں رہا تھا۔ مجھ سے ہفتے پندرہ دن بعد میں ملتی اور میں بھی اپنے کام کی وجہ سے عرصہ تک شہر کے باہر رہتا —— اس خلا کو پورا کرنے کے لیے اس نے ایک اور السیشین کتا خریدا اور اس کا نام بھی راجہ ہی رکھا —— اسے بھی اسی عرصے بلکہ اس سے کچھ زیادہ ہی پیار کرنے لگی جیسے اُسے اب بھی پہلے کتے کے مرنے کا رنج ہو —— یہی دن تھے جب گیتا اور میرے تعلقات خراب ہونے لگے۔ وہ مجھ سے ملتی تو کچھ اکھڑی اکھڑی رہتی۔ وقت کی کمی کا بہانہ کرتی۔ اس کی آنکھوں میں کوئی اور رہنے لگا۔ مجھے دیکھتی بھی تو ایسے کہ دیکھ نہ رہی ہو۔ اب میری کچھ باتیں اسے کھٹکنے بھی لگی تھیں۔ کچھ تقاضے بھی اس کے بڑھ گئے تھے —— اور پیار ایسے کر کے فارغ ہوتی جیسے کوئی بازاری عورت کرتی ہے۔ اس کے جسم سے کسی دوسرے آدمی کی بو آنے لگی ——

مجھے اس سے پیار کرنے کے بعد ایک طرح کی پشیمانی ہوتی، شرمندگی ہوتی۔ اپنی عادت سے میں نفرت کرنے لگا —— لیکن اُن دنوں میں اس قدر اُلجھا ہوا تھا کہ انگلی نہ رکھ سکتا تھا کہ آخر گیتا میں خرابی کیا ہے۔ کئی دفعہ جھگڑے ہوئے —— شور ہوا —— اور میں نے کہا کہ اب اس کا جی نہیں چاہتا تو وہ مجھ سے نہ ملا کرے۔ پھر وہ رونے لگتی۔ اپنی کوئی مجبوری بتاتی، کوئی بے چارگی، کام کی مصروفیت اور ہم ملنے کا وعدہ کر کے الگ ہو جاتے۔ اس کے بعد میں پیدل چلتا، کوشش کرتا کہ گیتا کے جسم کی خوشبو کے ساتھ جو دوسری بو ہے اسے ہوا کے جھونکوں سے دھو ڈالوں۔ اپنے جسم کی بے چینی کو رام کروں۔ لیکن بیماری کا پتہ ہو تو کوئی علاج کر سکتا ہے۔ مجبور تھا بے بس تھا۔ پھر پتہ چلا کہ اس کا رشتہ کسی بزنس مین سے ہو گیا ہے۔ میں اپنا رشتہ توڑنا چاہتا تھا وہ نبھانا چاہتی تھی۔ کئی دن لڑائی جھگڑے ہوتے رہے۔ وہ روتی چیختی، میں پھر مان جاتا۔

مجھے وہ آخری ملاقات بھی یاد ہے۔ مَیں بہت پریشان تھا۔
"میں بھی سے کھٹے پر جانا شروع کر دیتا ہوں۔"
"مَیں مر گئی ہوں کیا ——!"
"کیسے مل سکو گی مجھ سے ——؟"
"مَیں کر لوں گی ——"
"دو آدمیوں کے ساتھ . . ."

"یہ تکرار پھر سے شروع نہ کرو۔ مَیں تم سے پیار کرتی ہوں وہ مجھ سے پیار کرتا ہے —— مَیں یہ دونوں رشتے نہیں چھوڑ سکتی۔"

وہ کھانا کھا رہی تھی۔ ہم دونوں ٹھنڈے دل سے گفتگو کر رہے تھے۔ کھانا ختم کر کے اس نے مجھے سمجھایا کہ مَیں رات کو ساڑھے دس بجے کے بعد اس کے پاس جایا کروں۔ دستک دینے سے پہلے باہر کھڑکی سے دیکھ لوں ایک چھوٹی سی بتی روشن ہوگی۔ یہ مجھے بلانے کا اشارا ہوگا اور کسی دن یہ بتی روشن نہ ہو۔ دوسرے لفظوں میں اندھیرا ہو تو مَیں سمجھ جایا کروں کہ اس وقت دوسرا آدمی اس کے ساتھ ہے۔ اس لیے دستک نہ دوں اور لوٹ جاؤں —— مَیں اس کی باتیں سُن کر حیران رہ گیا۔ کس قدر آسانی سے وہ رشتوں کو ناپ تول کر، تہہ کر کے، میز کے مختلف درازوں میں رکھ رہی تھی۔ کسی طرح کی پشیمانی نہ اس کی آواز سے جھلک رہی تھی، نہ اس کی پیشانی سے۔ یہ اس کا نیا روپ تھا۔ اس کے ذہن کے کسی سطح میں بسا تھا ——؟ قیاس کرنا مشکل تھا۔ چہرے سے وہ ہلکی سی نرمی، شگفتگی، شرم وہ انچھوئی سی لگاوٹ، جس سے اس کا چہرہ دمک اٹھتا تھا، غائب تھی۔ اس کا چہرہ سپاٹ تھا۔ تاثر سے خالی، ایک طرح کی پختگی، تجربہ بلکہ سختی کی جھلک آ گئی تھی اس میں ——

"اب کس سوچ میں پڑ گئے" —— وہ کھانا کھا چکی تھی۔ مجھے اپنے ساتھ اندر کے کمرے میں لے گئی۔ جہاں اس نے وہ چھوٹا سا بجلی کا بلب بجھا دیا۔ مجھے اس کی ضرورت تھی، طلب تھی یا اپنی عادت سے مجبور ہو کر، اپنی ذات کو باہر کے کمرے میں رکھ کر جہاں راجہ بیٹھا ہوا تھا۔ میں اس کے پیچھے آ گیا۔
اور جوں ہی ہم دونوں داخل ہوئے یہ کتا بھی ہمارے ساتھ چلا آیا۔ اس نے ڈانٹ کر اسے باہر نکال دیا اور کہا . . . " باہر بیٹھے رہو . . . " مَیں حیران تھا۔ اس نے آج تک میرے سامنے پہلے کبھی اُسے دھتکارا نہ تھا۔ جوں ہی اس نے دروازہ بند کیا۔ کپڑے اُتارنے لگی تو راجہ کی دبی دبی آوازیں مجھے سُنائی دینے لگیں۔ وہ بخار جو دروازہ بند ہوتے ہی میرے جسم پر طاری ہو گیا تھا، اتر گیا —— مَیں اپنے آپ سے شرمندہ ہو گیا۔ اپنی غرض کے سامنے پھیکا پڑ گیا —— لعنت بھیجنے لگا اپنے اس نئے رشتے پر، نئے سمجھوتے پر۔ اب وہ میرے سامنے بیٹی کوٹ اور بلاؤز

میں کھڑی تھی۔ اور میری طرف بستر پر آنے کو تیار تھی ——— تب راجہ کی آوازیں اور بلند ہو گئیں۔ وہ جیسے شکایت کر رہا ہو ——— میں نے اُس سے کہا۔۔ "آنے دو اسے۔۔۔" وہ چیخ کر بولی۔۔ "بہت تنگ کرتا ہے آجکل۔۔" اور اُس نے دروازہ کھول دیا۔

راجہ اندر ایسے داخل ہوا جیسے کوئی بچہ نازیبا حرکت کر کے پشیمان ہوتا ہے۔ وہ چپکے سے دبک کر اپنی جگہ نیچے قالین پر بیٹھ گیا۔ مجھے اپنے سے زیادہ اُس پر رحم آ رہا تھا۔ اور میں نے محسوس کیا کہ گیتا کے اس بدلے ہوئے روپ سے رشتہ قائم رکھنا میرے بس کی بات نہیں۔ اور اس رات کے بعد میں گیتا کے پاس نہیں گیا۔ یہ کوئی دوسری گیتا تھی جسے میں جانتے ہوئے بھی نہیں جانتا تھا اور آج ڈیڑھ مہینے کے بعد شہر لوٹا تھا۔

صبح میں نیچے جھونپڑپٹی میں چلا گیا ——— راجہ کی حالت دیکھ کر میری آنکھوں میں آنسو آ گئے۔ اتنا خوبصورت السیشین تھا۔ آج مرا ہوا، بیمار، چڑچڑا مُردار سا لگتا تھا ——— میں نے کہا راجہ تجھے کیا ہو گیا ہے۔

وہ دیر تک روتا رہا۔ دارو بیچنے والی آنٹی چلانے لگی کہ اُس کے بس کی بات نہیں۔ رات بھر روتا ہے۔ گاہکوں پر بھونکتا ہے۔ اُس کا دھندہ چوپٹ کر دیا ہے۔ اس لیے دوسرے دن وہ عورت راجہ کو گیتا کے نئے گھر چھوڑ آئی۔

کئی دن گزر گئے ——— گیتا کی یاد تک میں بھول گیا۔ راجہ کا قصہ بھی ذہن سے اُتر گیا۔ ایک دن وہی چوکیدار اکیلا مل گیا۔ میں نے راجہ کے بارے میں پوچھا۔ اُس نے کہا۔۔ "صاحب گیتا میم صاحب نے کسی دوسرے آدمی کو پیسے دے کر اُسے تھانہ بھیج دیا تھا۔ لیکن صاحب کیا کتا ہے۔ اُس دن کے بعد تھانہ سے چالیس میل دور سفر کر کے پھر آ گیا تھا۔ پر صاحب ایک دم حالت پتلی تھی بیچارے کی۔۔ بھوکا پیاسا۔ پھر گیتا میم صاحب نے میونسپلٹی کو فون کر کے کتے کی گاڑی منگوائی کہ اُس کا کتا پاگل ہو گیا ہے۔ جب گاڑی آئی تو آدمی اُس کے پیچھے بھاگے۔ راجہ بھی آگے آگے دوڑ رہا تھا۔ بس صاحب اُدھر سے ایک لاری آئی اور راجہ بیچارہ لاری کے نیچے ۔۔۔۔۔۔ گیتا میم صاحب نے بہت انعام دیا اُن آدمی لوگوں کو ———"

میں اُس کی بات نہیں سُن رہا تھا۔ سوچ رہا تھا کہ عورت اپنی ہوس اور غرض کے لیے وفاداری اور دوستی کو نیلام کر سکتی ہے۔ اور تو اور اپنے بچے کو مروا سکتی ہے۔ راجہ تو اپنا فرض نبھا رہا تھا۔ اس کی حفاظت کر رہا تھا۔ ہوس اور بے شرمی کی زندگی سے اسے نجات دلانا چاہتا تھا۔ اسی لیے وہ اُس آدمی پر بھونکتا تھا۔ یہی بات گیتا کو ناگوار گزری تھی۔ اُس لیے اُس نے اُس کا خون کروا دیا ——— شاید گیتا بانجھ تھی ———!

تعاون

سب نے اُس سے تعاون کیا۔

جے۔ این۔ شاہ صرف فوجداری وکیل ہی نہ تھا، ایک بہت بڑی سنستھا تھا۔ اس کے بارے میں مشہور تھا کہ وہ مجرم کو موت کے منہ سے بچا لاتا ہے۔ قانون کے سارے داؤ پیچ، سارے ہتھکنڈے، نہ وہ جانتا ہے بلکہ انھیں استعمال کرنے سے بھی نہیں کتراتا —— جس کیس کو وہ ہاتھ میں لے لیتا ہے، اسے جیتنا اپنا فرض سمجھتا ہے۔ مشکل سے مشکل کیس کو وہ پہلی بار سنتے ہی مسکرا پڑتا ہے۔ آنکھوں میں بے پناہ عیاری چالاکی ہے اور جب وہ مسکرا دیتا ہے تو بڑے بڑے جج خوفزدہ ہو جاتے ہیں۔ سب کو گھیر گھار کر اپنے چکرویو میں لے آتا ہے اور پھر ایک ایک ہتھیار استعمال کر کے، بے موت مارتا ہے۔ چاہے وہ مخالف کا وکیل ہو، گواہ ہو یا پھر جج ہی کیوں نہ ہو، اور اُسے حاصل کرنے کے لیے ملک کے سارے مجرم تعداد میں کھڑے رہتے ہیں۔ سنا گیا ہے کہ ایک پیشی کے لیے وہ کم از کم پچیس ہزار روپے لیتا ہے۔ نہ صرف اتنی موٹی رقم ہی کافی ہے، اس کی خدمات حاصل کرنے کے لیے، بلکہ بہت بڑا رسوخ، بہت بڑے ناموں کی بھی ضرورت پڑتی ہے۔

گگوانی اپنے والد اپنے ایک دوست، والد کے ایک خیر خواہ کے ساتھ وقت پر، باہر ویٹنگ روم

میں بیٹھا تھا۔ اس کا دل دھڑک رہا تھا۔ اس سے ایک عورت کا ایکسیڈنٹ ہو گیا تھا۔ اور اب اس عورت کی موت نے اس کے چہرے سے خون نچوڑ دیا تھا۔ بس ایک ہی امید تھی کہ کسی طرح شاہ اس کا کیس ہاتھ میں لے لے ——— جے۔ این۔ شاہ کو کئی فون جا چکے تھے، ایک خط بھی بہت بڑے فائنسر کا وہ ساتھ لے کر آیا تھا۔ فیس کے بارے میں تو گلانی نے سوچا بھی نہ تھا۔ اس کا خیال تھا اس سارے معاملے کو نپٹانے کے لیے تقریباً دو لاکھ تو خرچ ہو ہی جائیں گے وہ بھی اس لیے کہ مخالف پارٹی کمزور ہے، جس کا خون ہوا ہے ——— اس وقت ایک بزر بجا اور ایک باوردی چپراسی ان کو بلا کر اندر لے گیا۔

جے۔ این۔ شاہ کا چیمبر بہت بڑا تھا۔ لیدر کے صوفے چاروں طرف رکھے تھے۔ اس کے آدھا درجن اسسٹنٹ ہاتھوں میں قلم اور نوٹ بک لیے انتظار میں بیٹھے تھے۔ چیمبر ایرکنڈیشنڈ ہونے کی وجہ سے ضرورت سے زیادہ ٹھنڈا تھا۔ سب کو بڑی بڑی آرام دہ کرسیوں میں بٹھا دیا گیا ——— گلانی کو لگا کہ وہ ایک وکیل کے سامنے نہیں بلکہ خود ایک جج کے سامنے بیٹھا ہوا ہے۔ اگر وہ کیس ہاتھ میں لے لیتا ہے تو گلانی بری ہو جاتا ہے اور وہ انکار کر دیتا ہے تو گلانی کیس ہار جاتا ہے۔ گلانی کو ٹھنڈا پسینہ آ رہا تھا۔

جے۔ این۔ شاہ نے مسکراتے ہوئے واقعے کے بارے میں پوچھا اور گلانی کو لگا کہ وہ غوطہ کھا کر فلیش بیک میں چلا گیا ہے۔ ابھی تک وہ اس ماحول، اس فضا، اس واتاورن سے نکل نہیں پایا تھا۔ پچھلے دس پندرہ گھنٹوں میں وہ اسی کیفیت میں جی رہا تھا۔ بار بار وہ فلم کی ریل کو دیکھتا اور خود کو ایک مجرم کی طرح پاتا، کہ وہ رات کے ڈیڑھ بجے اپنی کار میں گھر جا رہا تھا اور ایک عورت بھاگتی ہوئی آئی اور اس کی کار کی زد میں آ کر بے ہوش ہو گئی۔ دیکھتے دیکھتے دس بیس آدمی جمع ہو گئے، اور کار کو گھیر لیا گیا۔ پولیس، پولیس کے نعرے بھی سنائی دیے۔ گلانی جیسے نیند سے چونکا ——— اس نے چلا کر کہا کہ وہ اس عورت کو پہلے ہسپتال لے جائے گا، وہیں پولیس کو خبر دی جائے گی اور عورت کے ساتھ جو بھی جانا چاہتا ہو ——— اس کے رشتے دار واقف کار، پتی، پڑوسی ——— کار میں بیٹھ سکتا ہے۔ وہ بھاگ کر نہیں جانا چاہتا لیکن اس وقت سب سے ضروری کام ہے کہ اس عورت کی زندگی بچائی جائے۔

نیم مردہ عورت کو سہارا دے کر پچھلی سیٹ پر لٹا دیا گیا۔ دو تین آدمی پچھلی سیٹ پر اور دو تین اگلی سیٹ پر جم کر بیٹھ گئے۔ گلانی نے عورت کو ہسپتال میں داخل کرایا اور وہیں سے پولیس اسٹیشن پر فون کر دیا۔ ایک گھنٹے کے بعد، ایک سب انسپکٹر وہیں رپورٹ لکھنے آ گیا۔

رپورٹ لکھتے ہوئے انسپکٹر نے ایک ہی سوال پوچھا:

"کتنی دارو پی تھی؟"

"آٹھ، نو پیگ" ——— اس نے پوری دیانت داری سے جواب دیا تھا اور تشریح کی، اتنی وہ روز پیتا ہے اور نارمل رہتا ہے۔ ہمیشہ خود گاڑی چلا کر گھر جاتا ہے۔ قصور اس کا نہیں ہے، اس عورت کا ہے جو چیختی چلاتی، جھگڑا کرتی، بھاگتی اچانک اس کی موٹر کے سامنے آ گئی تھی۔ تب انسپکٹر نے ان آدمیوں کی طرف دیکھا۔ وہ چھ آدمی جو شیر چیتے کی طرح سڑک پر گلانی کو گھیرے ہوئے تھے، اب ہسپتال کے کونے میں گیدڑوں کی طرح اپنے آپ کو چھپانے کی کوشش کر رہے تھے ——— آہستہ آہستہ ایک آدمی جس کی کوئی پہچان نہ تھی، نہ چہرے پر کوئی شناخت کے نشان تھے، ایک بے نام، بے کام، بے وجہ زندگی جینے والا

ایک شخص جس کی ہر حرکت سے جان پڑتا تھا کہ وہ کوئی جرم کر رہا ہے، خود جیسے کا مجرم ہے۔ انسپکٹر کے سوالوں کے سامنے وہ اپنی رہی سہی پہچان بھی کھو بیٹھا۔ ڈرتے ہوئے گھبراتے ہوئے بولا کہ وہ آدمی اس عورت کا پتی ہے، اور وہ عورت جو ہسپتال کے کسی کمرے میں بے ہوش پڑی ہے پیشہ ور ہے، رنڈی ہے۔

گلانی ٹونے انسپکٹر کو بہت اچھا انسان پایا۔ اس نے ہر طرح سے اس کو تسلی دی۔ رپورٹ لکھتے ہوئے بار بار یاد دلایا کہ وہ ہر طرح اس سے تعاون کرے گا۔ وہ حرام زادی، چھنال، دارو پی کر، دھندہ کر کے اپنے جسم کو مٹکا کر، خواہ مخواہ ایک شریف آدمی کو پریشان کر رہی ہے۔ — انسپکٹر نے جاتے ہوئے بڑی گرمجوشی سے ہاتھ ملایا، اپنا نام INITIAL کے ساتھ بتایا کہ کسی طرح کی کوئی تکلیف ہو تو وہ فون کر سکتا ہے۔ جاتے ہوئے کہا:

"فکر نہیں کرنا صاحب —— ہاں، سالی مر گئی تو تھوڑا لفڑا ہوگا۔ نہیں تو کچھ دم نہیں کیس میں۔"

لیکن دوسری صبح جب وہ ہسپتال میں پہنچا تو عورت مر چکی تھی ...... لفڑا شروع ہو چکا تھا اور اسی لیے وہ اپنے پورے رسوخ کا استعمال کر کے تجے۔ این، شاہ کے چیمبر میں بیٹھا تھا۔

واقعہ سن کر شاہ نے نہ حامی بھری۔ نہ انکار کیا —— اپنے اسسٹنٹ کی طرف مخاطب ہو کر بولا:

"چندوانی ——!"

ایک بہت موٹا۔ بے ڈھب۔ بدصورت سا آدمی جو آنکھوں پر بے حد موٹا چشمہ لگائے تھا، شاہ کی میز کی طرف بڑھا۔ شاہ نے پیڈ نکالا اور نوٹس لینے لگا۔

"کیا خیال ہے؟" شاہ نے پوچھا۔

"پہلے تو رپورٹ سے شراب کا ذکر نکال دیتے ہیں۔ جج PREJUDICE ہو سکتا ہے۔"

"انسپکٹر کو جانتے ہو؟"

"جی ہاں۔"

"کتنا پیسہ لے گا؟"

"پانچ ہزار سے کم نہیں لے گا۔"

شاہ نے گلانی کو ساڑھے پانچ ہزار روپے دینے کی تاکید کی۔ پانچ سو روپے ٹیکسی بھاڑے اور دوسرے اخراجات کے لیے۔

NEXT? اس نے پوچھا۔

چندوانی نے بتایا کہ اس کیس کو جتنا ملتوی کرایا جا سکے اتنا اچھا ہے۔

"مطلب؟" شاہ نے پوچھا۔

"سر، وہ آدمی بے حد غریب ہے۔ ابھی میں اس کے پاس تصفیے کے لیے جاؤں تو وہ پاؤں پھیلائے گا، بہت پیسہ مانگے گا، اور ہو سکتا ہے وہ انکار بھی کر دے —— جب پیشی ہوگی اور اسے بار بار کورٹ میں حاضری دینی پڑے گی تو اس کا MORALE ٹوٹ جائے گا اور تین چار پیشیوں

کے بعد وہ فوراً تصفیہ کرنے پر تیار ہو جائے گا اور بہت کم پیسوں پر راضی ہو جائے گا۔"

ANYTHING ELSE? شاہ نے اپنے دوسرے اسسٹنٹ کی طرف اشارہ کیا۔

"گواہ بھی توڑے جا سکتے ہیں ——— چونکہ وہ بھی غریب ہیں، آسانی سے قیمت طے ہو سکتی ہے۔"

چندوانی فوراً بولا . . . "سر، اس کے بارے میں جلدی نہیں کرنی چاہیے۔ گواہوں کے بارے میں بھی میرا یہی رویہ ہے۔ پہلے ان کی ہمت توڑی جائے۔ ان کو سمجھایا جائے کہ وہ غریب ہیں، بتایا جائے کہ غریب آدمی کو اس ملک میں انصاف نہیں مل سکتا، بار بار کورٹ میں بلایا جائے، بٹھائے رکھا جائے تب ان سے ان کی قیمت پوچھی جائے۔"

"آپ لوگ متفق ہیں؟" شاہ نے پوچھا۔

"چندوانی ٹھیک کہہ رہے ہیں۔" یہ سب کا فیصلہ تھا

"کتنا پیسہ EAK MARK کیا جائے؟" شاہ نے چندوانی سے پوچھا۔

"ایک آدمی، ایک ساتھ پانچ سو روپے بھی دیکھے گا تو منہ سے رال ٹپک پڑے گی۔"

"گواہوں کو توڑتے ہوئے اس عورت کے MORALE کی طرف اشارہ کیا جا سکتا ہے۔" ایک اسسٹنٹ نے کہا۔ . . "اور گواہ کہہ سکتے ہیں کہ وہ بدچلن تھی، شراب پیتی تھی اور پینے کے بعد آپے سے باہر ہو جاتی تھی۔ اپنے پتی کو گالیاں دیتی تھی، مارتی تھی۔ دوسرے لفظوں میں وہ NUISANCE تھی اور اپنی غلطی سے موٹر کی زد میں آگئی تھی۔"

"چندوانی؟" شاہ بولا۔

"کوئی خاص فائدہ نہیں ہوگا، سر۔"

"کیوں؟"

"ہمیں اس کی CASE HISTORY میں جانے کی ضرورت نہیں۔ دوسرے لفظوں میں مخالف وکیل ان ہی باتوں کا ذکر کر کے کورٹ کی ہمدردی حاصل کر سکتا ہے کہ وہ غریب عورت تھی، روٹی کمانے کے لیے دھندہ کرتی تھی، جسم بیچتی تھی لیکن کسی کو جان لینے کا کوئی حق نہیں۔ اسے جینے کا اتنا ہی ادھیکار ہے وغیرہ وغیرہ ——— میرا مطلب ہے سر DANGEROUS VENUE ہے۔"

"میں چندوانی سے متفق نہیں ہوں" ——— اسسٹنٹ بولا، "ایک شریف آدمی سے حادثہ ہو جائے اور ایک بدچلن عورت کا خون ہو جائے، جج اس میں تمیز ضرور کرے گا۔"

"آپ یہ بھولتے ہیں۔ وکیل صفائی جب اپنا کیس تیار کرے گا تو اس کی بنیاد یہی ہوگی۔ اس کے پاس سوائے ہمدردی کے کوئی دلیل نہ ہوگی اور وہ کہیں یہ کہہ بیٹھے کہ غریب آدمی کو اس ملک میں انصاف نہیں مل سکتا تو آپ بنا بنایا کیس بگاڑ سکتے ہیں اور اگر آپ جج کو رشوت دے کر خریدتے بھی ہیں تو اس کی قیمت بڑھ جائے گی اور آپ اس کیس کو اور ہوا دیں گے اور یہ کیس کہیں کسی نیوز پیپر میں چھپ گیا تو لینے کے دینے پڑ جائیں گے اور آپ جج کو رشوت بھی نہ دے پائیں گے۔"

چندوانی اس سختی کے ساتھ بولا کہ سب چپ ہو گئے ——— شاہ بھی چندوانی کو دیر تک

دیکھتا رہا۔

"چندوانی؟"

"سر؟"

"تمھارا کیا خیال ہے، جج کتنے روپے لے گا؟"

"کچھ زیادہ لے گا۔"

"معنی؟"

"اس کی بیٹی کی شادی ہے۔"

"ارے ہاں۔"

"اس سے پہلے اسے ڈنر پر بلا لیجیے۔" چندوانی نے کہا۔

GOLDEN DRAGON میں دس آدمیوں کے لیے ٹیبل بک کرو۔ اور اس کے گھر کے سب آدمیوں کو دعوت دو۔"

"جی۔"

"تم بھی رہنا وہاں۔"

"جی۔"

"پیسے کیسے لیتا ہے، کسی آدمی کے ذریعے؟"

"جی نہیں، نوٹ دیکھ کر، ہاتھ بڑھا دیتا ہے۔"

ایک لمحے کے لیے ماحول میں ایک قہقہہ اٹھا۔ سب بھول گئے کہ لڑکی کی موت ہوئی ہے، کسی سے خون ہوا ہے۔

"ہوں —— آخر کیا قیمت ہے اس کی؟"

"اس پر منحصر ہے، سر، کہ ہم کتنی ADJOURNMENT چاہتے ہیں۔"

"تمھارے خیال میں کتنی ADJOURNMENT ہونی چاہئیں؟"

"ADJOURNMENTS تو چار پانچ کافی ہوں گی، لیکن وقفہ لمبا ہونا چاہیے۔"

PROCEED. شاہ نے چندوانی سے کہا۔

"سر، ان کا صبر آزمانا ہے۔ ان کو نفسیاتی طور پر سمجھانا ہے کہ کچھ نہیں ہو سکتا —— وقت ہی ان کا MORALE توڑ سکتا ہے۔"

"تمھارا مطلب ہے کہ جسٹس گنائے تونڈرے سے دو کام لینے ہیں؟"

"بے شک۔"

"ایک تو ADJOURNMENTS چاہئیں۔ دوسرا لمبے عرصے کے لیے —— ٹھیک؟"

"جی۔"

"ایک ADJOURNMENT کے لیے دس ہزار کافی ہوگا؟"

"کوئی شریف آدمی اتنا پیسہ نہیں چھوڑے گا۔"

ایک بار پھر قہقہہ بلند ہوا۔

"چندوانی۔ بس آخری بات ——— تمہارے خیال میں پیشی کی نوبت نہیں آئے گی؟"

"مجھ پر چھوڑ دیجیے۔"

GENTLE MEN? شاہ نے پوچھا۔

سب نے حامی بھری ——— شاہ نے ایک چھوٹا سا پرزہ لیا۔ اس پر کچھ ہندسے لکھے اور چندوانی کے ہاتھ میں تھما دیا ——— چندوانی گلاٹی کو دوسرے کمرے میں لے گیا۔ اس پرزے پر پچاس ہزار کی رقم شاہ کی تھی، دس ہزار چندوانی کی، پانچ ہزار باقی اسٹاف کی، دس ہزار ADJOURNMENT کے لیے جج کی، پانچ ہزار سرکاری وکیل کی۔ دس ہزار ENTERTAINMENT کے لیے۔ آدھی رقم چندوانی نے فوری طلب کی ——— اب گلاٹی جی گیا تھا۔ اس نے نہایت پھرتی سے سارے نوٹ گن کر چندوانی کے ہاتھ میں دے دیے۔ سب نے رخصت لی۔

سب نے گلاٹی سے تعاون کیا۔

چندوانی نے جو کہا تھا وہی ہوا۔ اس عورت کا پتی اور گواہ کورٹ میں جاتے، دن بھر بھوکے پیاسے بیٹھتے، پیشی کی نوبت نہ آتی۔ دھیرے دھیرے گواہ ٹوٹتے گئے۔ ساتھی ساتھ چھوڑتے گئے اور وہ بے نام آدمی، اس عورت کا پتی اپنی بچی کھچی شناخت بھی کھو بیٹھا۔

اور جس دن چندوانی پانچ ہزار روپے لے کر، کاغذ تیار کر کے اس کے پاس پہنچا تو جیسے مُردے میں جان آگئی۔ اس عورت کے پتی نے جھٹ پٹ اس کاغذ پر دستخط کر دیے۔

اس پورے سانحے میں ایک عورت، جس کی ایک شخصیت تھی، جو ایک زندگی کی مالک تھی، اپنی غربت کی وجہ سے جسم بیچتی تھی، اپنے پتی کو پالتی تھی، ماں باپ کو چار پیسے بھیجتی تھی، وہ مر گئی تھی۔ اور کسی کا کچھ نہیں بگڑا تھا۔

یوگ، یوگی، یوگیش

پتہ نہیں کس بات کا خوف ہے کہ صبح سے وہ آنکھیں ملانے سے ڈرتا ہے۔ زندگی کا یا موت کا لیکن اس طرح کے جینے سے وہ ہانپ گیا ہے، تھک گیا ہے۔ ہر روز اسے اپنے آپ کو یقین دلانا پڑتا ہے کہ تم دنیا کا سامنا کر لو گے۔ ــــ اٹھو، آنکھیں کھولو ــــ دھوپ نکل چکی ہے۔ تمہارے جسم کو اس کی آنچ جلانے لگی ہے۔ چھوٹی چھوٹی باتوں سے دن شروع کرو۔ دانتوں کو برش کرو ــــ غرارے کرو، گھڑے کا ٹھنڈا پانی پیو ــــ پھر چائے کا دور شروع کرو اور بالکل بے معنی باتیں سوچو ــــ بے سر پیر کی ــــ زندگی کا جواز مت ڈھونڈو ــــ زندگی سے امید نہ رکھو۔

پانچ بجے ہوں گے لیکن موسم ابھی گرم تھا ــــ بمبئی کا موسم ــــ وہ اپنے دوست کے ساتھ تنکے کا سہارا ڈھونڈ رہا تھا۔ پیدل چل کر ذہن کی تھکن دور کرنا چاہتا تھا۔ ایک گاڑی اس کے قریب سے گزرتی ہوئی آہستہ ہو گئی۔ ایک آشنا صورت بیٹھی ہوئی تھی۔ پھر وہ گاڑی سے اتر کر پاس آئی ــــ یوگیش تھم گیا۔

کتنی مدت ہوئی تھی اس صورت کو دیکھے ہوئے، اس جسم سے ملے ہوئے۔ وہ فیصلہ نہ کر سکا ــــ

وہ یہ بھی فیصلہ نہ کر سکا کہ وہ اس عورت سے نفرت کرتا ہے یا محبت۔ یا کہ اب اس سے کوئی واسطہ نہیں رہا۔ اگر واسطہ نہیں تو شاید کچھ رشتہ بھی نہیں۔

"ممی کی طبیعت بہت خراب ہے۔" اس نے نہایت رنجیدہ لہجے میں کہا۔

یوگیش نے پہلے اپنے تھکے ہوئے ذہن کو چھوا، پھر ہارے ہوئے جسم کو ٹٹول کر ان آنکھوں سے اس عورت کو دیکھا جس کی روشنی دن بدن کم ہوتی جا رہی تھی۔ پھر سوچنے کی کوشش کرنے لگا۔ آخر اوشا کی ممی سے اس کا کیا تعلق ہے۔ اوشا نے ممی کا ذکر آخر کیوں کیا۔ اس کی ممی سے زندگی میں دو ایک بار ملا ہے —— ملا بھی کیا، بس دیکھا ہی ہے۔ آخر اوشا کا مطلب کیا ہے پھر ممی کی بیماری کا ذکر کر کے وہ اُسے بلیک میل تو نہیں کر رہی ہے۔ اس نے اپنے دل کی طرف دیکھا، اُسے چھوا، اپنی ہتھیلی پر رکھا۔ کمبخت دل نے کتنی بار اسے دغا دی ہے۔ کئی دفعہ اس نے اپنے دل کو کنویں کی گہرائی میں پھینکا ہے، گمنام سی ٹیکری پر کھڑے ہو کر وادی میں دھکیلا ہے —— کئی بار دھڑکن سے منہ موڑا ہے۔ واحد اس دل کی وجہ سے وہ رو دیا ہے۔ کبھی بھی دماغ کا کہنا نہیں مانا دل نے —— اب بھی وہ دل اس کی ہتھیلی پر ایک ہیرے کی طرح چمک رہا تھا، ضد کر رہا تھا۔ اس نے اوشا کی ممی سے کوئی رشتہ جوڑنا چاہا کوئی انسانی تعلق لیکن ایک خلا تھا۔ دائرہ تھا کہیں کسی لکیر کا سرا نہ ملتا تھا۔ اب اوشا کی آنکھیں ڈبڈبا آئی تھیں وہ خوبصورت عورت، سڑک پر کھڑے ہوئے پوری بے شرمی کے ساتھ رو رہی تھی۔ یوگیش اس کی جرأت کی داد دے رہا تھا۔

"ان کی عمر ہو چکی ہے —— وہ پھر ایک طویل بیماری کا شکار رہی ہیں۔ - - - تم سے جتنا بن پڑتا ہے کرتی ہو۔ رونے سے کیا فائدہ!"

اور اوشا خاموش رہی۔ کوئی جواب نہیں دیا۔ یوگیش نے اپنے ذہن کو ٹٹولا کہ یہ تم سے اپنی ممی کے بارے میں کچھ نہیں کہنا چاہتی۔ اس کی خاموشی کہہ رہی ہے کہ جو کچھ وہ کہہ رہی ہے اس کا مطلب کچھ نہیں۔ اس سے کوئی واسطہ نہیں۔ وہ، بات دہرا رہی ہے جیسے تم کسی گمنام ٹیکری پر بھول آئے تھے، جیسے تم کسی اندھے کنویں میں پھینک آئے تھے۔

"اگر میں تمہارے کسی کام آ سکوں تو مجھے فون کرو۔"

"تم نے فون کرنے سے منع جو کیا ہے!"

اور یوگیش کا شک یقین میں بدل گیا ہے۔

"اچھا اب میں تمہیں فون کروں گا۔" کہہ کر وہ اپنے دوست کے ساتھ آگے بڑھ گیا۔ اُسے ایسا لگا کہ اس ایک فقرے "میں تمہیں فون کروں گا" سے وہ ایک رشتہ جوڑ آیا ہے، اقرار کر آیا ہے۔ ایک پابندی ایک ذمہ داری کندھے پر اٹھا لایا ہے۔ وہ دس قدم چل چکا تھا۔ لیکن اس کی کوئی قیمت بھی نہ تھی۔ اگر وہ یہ شہر چھوڑ دے یا یہ ملک بھی، پھر بھی وہ اس فقرے کا پابند رہے گا۔ وہ بار بار اس تصویر کو اپنے ذہن کے سکرین پر دیکھ رہا تھا۔ وہ کھڑا ہے اور اوشا اپنے بھرپور جسم کی نمائش کرتے ہوئے اس کے سامنے سربازار

رو رہی ہے۔ پھر اوشا کا فون آیا کہ وہ دوبارہ اس سے رشتہ قائم کرنا چاہتی ہے۔

ایک دیوار نما آئینہ تھا اور یوگیش اس کے سامنے کھڑا تھا۔ ہلکی ہلکی بارش شروع ہوگئی تھی۔ بچے بھاگ کر گھروں میں گھس گئے تھے۔ کچھ چھتوں کے نیچے کھڑے انتظار کر رہے تھے کہ بارش تھم جائے۔ یوگیش ٹکٹکی باندھے اوشا کو دیکھ رہا تھا جو بار بار اپنی کھڑکی میں نمودار ہو رہی تھی —— یہ قصہ دنوں کا تھا مہینوں کا تھا۔ اوشا کا بدن ساون بھادوں کا موسم تھا —— کبھی گھٹا برساتا، کبھی ہلکی ہلکی پھوار —— اس کی چاہت یوگیش کے پوروں پر آکر بیٹھ جاتی، کبھی اس کی آنکھوں کی چمک بن جاتی اور کبھی اس کے جسم کی گرمی —— اسے بہت دن ہوئے تھے، مہینے ہوگئے تھے، شاید سال بیت گئے تھے۔ کوئی اس کے پاس چاہت سے نہ بیٹھا تھا، گفتگو نہ کی تھی، اپنے سانسوں کے پیغام نہ کہے تھے، وہ راحت بھول گیا، لمحات کی راحت، ساتھ کی راحت اور فیصلہ کر چکا تھا کہ اب کوئی دروازہ نہیں کھٹکھٹائے گا۔

پھر ایک دن بس یوں ہی ہوا۔ نہ ماضی سے کوئی تعلق نہ مستقبل سے کوئی سمبندھ نہ حال سے کوئی رشتہ —— دو آنکھوں نے اسے دیکھا بھی۔

پچھلی رات اس نے ایک کہانی لکھی تھی۔ لکھنے کے بعد کچھ گھڑیاں آسان ہوگئی تھیں۔ اس نے ایک دوست کو ڈھونڈ نکالا اور پھر اسے پینے کی خواہش ظاہر کی جیسے کہانی لکھنے کے بعد یہ اس کا ادھیکار ہو —— دوست نے کہانی سُنی، پھر ساتھ ہی اپنی بیوی کی بیماری کا ذکر کر دیا کہ بہت دنوں سے وہ دیر سے گھر جا رہا ہے، آج وہ جلدی جانا چاہتا ہے۔ یوگیش جانتا تھا کہ اگر وہ پینے کی خواہش ظاہر نہ کرتا تو اس کا دوست اسے پینے کے لیے ساتھ لے جاتا اور بعد میں کھانا کھلا کر گھر چھوڑ آتا —— وہ اگلے اسٹیشن پر اتر گیا۔ اور میلوں پیدل چل کر اپنے کمرے کی طرف آگیا۔

اور اب بارش شروع ہو چکی تھی۔ یوگیش کے جسم میں تلخی تھی۔ دماغ میں بے چینی۔ خیالات میں بگولے اڑ رہے تھے اور وہ کسی جنگلی جانور کی طرح اپنے پنجرے میں گردش کر رہا تھا۔ اب اوشا کھڑکی میں آگئی۔ حیرانی سے اُسے دیکھ رہی تھی کہ وہ پاگل ہوگیا ہے جو یوں بھیگ رہا ہے پر کچھ اور کھڑکیاں کھلیں۔ کچھ لوگ بالکنیوں سے جھانکنے لگے۔ بچے حیرانی سے اسے دیکھ رہے تھے اور یوگیش اپنی تمنا لیے کسی بازاری پوسٹر کی طرح چورا ہے میں، خواہش کا اظہار کر رہا تھا۔

پھر اوشا کھڑکی سے ہٹ گئی۔ دروازے کے پاس آگئی۔ چٹخنی کھولی۔ پھر دروازہ کھولا اور بارش میں بھیگتی ہوئی آکر اس کے سامنے کھڑی ہوگئی۔ کچھ دیر اس کو دیکھتی رہی خاموشی کے تین پل۔ یوگیش کی آنکھیں پہلے شیشہ نہیں، پھر زبان اور کہا:

"میں نے اکیلا پن جھیلا ہے۔ وقت ایسے کاٹا ہے جیسے کوئی پہاڑ کاٹتا ہے۔ بے معنی کہانیاں پڑھی ہیں، بے معنی باتیں کی ہیں، بے معنی فلمیں دیکھی ہیں۔ اور پھر بھی وقت نہیں کٹا تو میلوں پیدل چلا ہوں

تنہائی کی خلا کو اپنی سانسوں سے بھرا ہے۔ دماغ کو ماؤف کر دیا ہے اور جسم کو نشچل۔ پھر بھی وقت نہیں کٹتا ہے۔ اب بھی وقت نہیں کٹتا۔"

اوشانے تین پل خاموش رہ کر ٹکٹکی باندھے اُسے دیکھ کر کہا:

"میں نے سوچا ہے تمھیں بہت سکھ دوں گی" کہہ کر وہ لوٹ گئی۔

یہ ایک واقعہ نہیں، حادثہ نہیں، ایک ایکٹ ہے۔ دو کردار سین کر رہے ہیں۔ بہت پہلے سے طے ہے صدیوں سے۔ ہوا کے دوش پر ریلے آتے رہے، پیغام لاتے رہے۔

اس شام کو سمندر میں سورج ڈوبا تھا تو اس نے یہ کہا تھا —— اس سال پہلی بارش میں یوگیش نے یہی سوچا تھا۔

ایک بدنام ہوٹل کے بدنام کمرے کے بستر پر لیٹے ہوئے تھے۔ دونوں کے درمیان بالشت بھر کا فاصلہ تھا۔ دونوں چھت کی طرف دیکھ رہے تھے۔ ہر ایک نے اپنے لیے ایک بند نقطہ ڈھونڈ لیا تھا۔ سانس لینے کی آواز بھی اب نہیں آ رہی تھی —— صرف پنکھے کی آواز حقیقت کی یاد دہانی کرا رہی تھی۔ یوگیش کہہ رہا تھا۔

"اوشا میں تم سے شادی نہیں کروں گا —— دوسرے لفظوں میں میں شادی کے خلاف ہوں۔ میں اپنی بے معنی زندگی کو کوئی معنی دینا چاہتا ہوں۔ مجھے اپنی ذات کی کوئی چیز اچھی نہیں لگتی۔ نہ اپنے پیدا ہونے پر خوش ہوں، نہ زندگی سے مطمئن ہوں۔ ہاں موت اس بے چینی، تلخی، بے معنویت کو خاموش کر سکتی ہے —— اور اس سے پہلے میں اپنی زندگی کو کوئی معنی دینا چاہتا ہوں۔"

کافی دیر اوشا نے کوئی جواب نہ دیا۔ پھر یوگیش کو یقین ہو چلا کہ وہ اب نہیں بولے گی۔ اس نے طے کر لیا کہ کچھ لمحات کے بعد وہ دونوں اُٹھیں گے۔ بل ادا کر کے نکل جائیں گے۔ یوگیش کو یہ سوچ کر کوئی دکھ نہ ہوا بلکہ ایک طرح کی تسکین ہوئی —— ایک طرح کا ارادہ اس کی سوچ میں ابھر رہا تھا کہ وہ پہاڑ جیسے تنہا دن اوشا کے بغیر، اس کے پیار کے بغیر، اس کے لمس کے بغیر کاٹ لے گا —— لیکن کسی رشتے کا مرہون منت نہیں رہے گا۔ کسی ذمہ داری کا پابند نہیں رہے گا۔

پھر اُسے اوشا کے رونے کی آواز آئی —— بہت دھیرے دھیرے، آہستہ آہستہ ایک سی لے میں وہ روتی رہی، کافی دیر تک روتی رہی —— یوگیش نے پھر کہنا شروع کیا۔

"تم اپنے لیے ایک ساتھی تلاش کرو۔ ایک دوست، ایک مہربان دوست جو تم سے پیار کرے، شفقت کرے۔ تمھارے بچوں کا باپ بنے۔ بچے ضرور پیدا کرو۔ عورت کے لیے اس سے بڑھ کر اور خوشی اس زمین پر نہیں ہے —— عورت بچوں کے بنا کبھی مکمل عورت نہیں بن سکتی۔"

اور اس کے ساتھ ہی یوگیش نے محسوس کیا کہ اُس نے دوپہر کو اس گرم موسم میں، ایک بدنام ہوٹل کے بدنام کمرے میں اوشا کے اندر ایک خلا پیدا کر دیا ہے۔ اسے شہر کی ایک بدنام گلی سمجھ کر وہاں سے گزرنا چاہتا ہے لیکن ساتھ ہی اپنی غرض پوری کر کے دوسری طرف سے بھاگنا بھی چاہتا ہے۔

اب اوشا خاموش ہو چکی تھی —— اس نے کروٹ بدلی اور یوگیش کی طرف مڑ گئی۔ اس کے

چہرے پر اس کے سانسوں کی گرمی برس رہی تھی۔ اس نے مڑ کر دیکھا۔ اوشا اور اس کے قریب آ گئی۔ اس کے ہونٹوں کو ایسے چوما جیسے پہلے کبھی کسی نے پیار نہ کیا تھا۔ آنکھوں کو پیار کیا۔ بس ایک فقرہ کہہ سکی جو اس کی سوچ کا فیصلہ تھا :

"بہت خراب ہو!"

پھر وہ اٹھ کھڑی ہوئی اور باتھ روم میں چلی گئی —— انتظار میں یوگیش کا جسم تن سا گیا تھا۔ سوال بن کر رہ گیا تھا، جواب کی تلاش میں تھا۔ تھوڑی دیر میں دروازہ کھلا اور اوشا ایک سفید تولیہ لیے اس کے پاس آ گئی —— بنا کسی شرم، بنا کسی لحاظ، بنا کسی جھجک، بنا کسی تقاضے بنا کسی مانگ کے —— اس نے تولیہ گرا دیا۔ اوشا نے وہی فقرہ دہرایا ——

"میں تمھیں بہت سکھ دوں گی۔"

وہ رشتہ جو اس کے لیے ایک غرض سے شروع ہوا تھا، اب بے غرض بن گیا تھا۔ بے تعلقی، تعلق میں بدل گئی تھی۔ روٹی روزی کی جدوجہد میں وہ زندگی کو کوئی معنی نہ دے سکا۔ بلکہ ہر لمحہ ہر گھڑی سمجھوتہ کرنے لگا —— اس کے کردار کی نقط ایک خاصیت تھی —— غصّہ ANGER جو وہ اپنی کہانیوں میں ہتھیار کی طرح استعمال کرتا تھا، ناانصافی کے خلاف۔ اب اس کے غصّے کی دھار کند ہوتی گئی۔ وہ زندگی سے فرار چاہتا تھا۔ وہ فرار ڈھونڈتا تھا۔ تھک ہار کر شکست خوردہ وہ اوشا کے پاس پہنچا اور اوشا ایک سہارا ثابت ہوئی، ایک آشیانہ —— بنا کسی جھجک، بنا کسی شرط کے اس کے سپرد ہو گئی اور وہ پھر صبح سے آنکھ ملانے کے قابل ہو جاتا۔ دن کا سامنا کرنے کے قابل ہو جاتا اور دھیرے دھیرے وہ اوشا کا مقروض ہو گیا۔ لاشعوری طور پر اس کا پابند ہو گیا اور ذہن کے کونے میں اس نے طے کر لیا کہ آدرش نبھانا بہت مشکل ہے۔ اس زندگی میں جی لینے ہی میں بہتری ہے اور وہ یوگی نہیں ہے یوگیش ہے۔ بچپن کے سوچے ہوئے سپنے بھلا کس سے پورے ہوئے ہیں۔ زندگی میں سر چھپانے کے لیے ایک چھت اور دو وقت کی روٹی کے بعد اگر کوئی ایک سہارا مل جائے تو اسے منزل سمجھو —— اوشا سے جو رشتہ ہے اسے کوئی نام دیدو، یا نہ بھی دو —— ہار مان کر، سمجھوتہ کر کے، اسے قبول کر لو —— اس جذبے کے تحت وہ اوشا کا ممنون رہا، ساتھ نبھاتا رہا۔ اس کا ہر طرح خیال رکھتا۔ کئی مشکل گھڑیوں میں ایک اچھا دوست ثابت ہوا جس کی وجہ سے اوشا کا اپنے آپ پر یقین بڑھنے لگا۔ وہ اپنے اردگرد دیکھنے لگی، ماحول پہچاننے لگی، نام دینے لگی —— اس میں ایک طرح کی قابلیت ایک طرح کا وشواس پیدا ہو گیا —— اب وہ رونے دھونے والی اوشا نہ تھی، جو خود اپنے سائے سے کانپتی تھی، بلکہ وہ اوشا تھی جو اپنے درو دیوار خود بناتی، فیصلے کرتی، آگے بڑھتی اور جب قربت کی گھڑیوں میں وہ اس کی تعریف کرتا تو وہ جواب دیتی :

"یہ سب تمھارا ہی دیا ہوا ہے۔"

ڈیڑھ مہینے کی غیر حاضری کے بعد جب یوگیش شہر لوٹا تو حسب عادت اوشا سے ملنے اس کے گھر چلا گیا —— رات کے گیارہ ساڑھے گیارہ بجے تھے۔ اس نے تھوڑی سی پی رکھی تھی۔ جب وہ اوشا کے

گھر پہنچا تو اس نے ایک کار کھڑی دیکھی ——— کھڑکی میں جھانکا تو اندھیرا تھا۔ وہ کوئی فیصلہ نہ کر سکا۔ لوٹ جائے لیکن اوشا کی ضرورت تھی اُسے ——— ڈیڑھ مہینے کے بعد وہ اس شہر میں لوٹا تھا۔ اب اس کی زندگی کا ایک مرکز تھا، کھونٹا تھا جس سے وہ بندھا تھا۔ اس نے فیصلہ کر لیا اور دروازہ کھول دیتی تھی۔ لیکن وہ بھی دروازے تک نہ آئی۔ پھر وہ سنبھلا، چونکا تب بھی کوئی نہ اٹھا۔ جیسے اوشا انتظار ہو کر تھوڑی دیر دروازہ کھٹکھٹانے کے بعد وہ لوٹ جائے گا ——— لیکن لوگیش کہاں لوٹ کر جاتا۔ اپنے فلیٹ میں جہاں کوئی اس کا انتظار نہ کر رہا تھا۔ اس نے پھر دستک دی، زور سے دروازہ پیٹا ——— تب کچھ حرکت ہوئی۔ دروازہ ذرا سا ہی کھلا۔ بتی روشن نہ ہوئی۔ اندھیرے میں ہی اوشا منہ باہر کر کے اس سے بولی اس کا بھائی اس کے پاس رہنے آیا ہے . . . اور بنا جواب سُنے دروازہ بند کر کے چلی گئی ———

صبح اس نے چھوٹی موٹی باتوں سے شروع کی۔ اس نے چائے کا ایک کپ پیا اور اپنے آپ سے کہا کہ دن کا سامنا کرو ——— پھر ایک ہی سانس میں اس نے سمجھ لیا کہ اوشا کی زندگی میں کوئی دوسرا آدمی آ چکا ہے۔ ایک لمحہ، ایک گھڑی وہ بے حد خوش ہوا کہ رشتے کا بوجھ اتر گیا ہے اور یہ فعل اس نے نہیں کیا بلکہ پہل اوشا سے ہوئی ہے۔ ایک پابندی جو وہ چار سال سے پالتا آیا ہے، اب نہیں رہی اور وہ اس رشتے سے آزاد ہو گیا ہے اور شاید اوشا کی بے وفائی کی وجہ بھی خود لوگیش تھا ——— اس بدنام گلی کے بدنام کمرے میں، اوشا کو بدنام گلی کا نام دے کر اس نے شاید اوشا کی زندگی میں ایک خلا پیدا کر دیا تھا اور اوشا اب وہ خلا بھر رہی تھی چاہے وہ گرد اور مٹی سے ہی کیوں نہ ہو ——— اس لیے اس سے وفا کی امید رکھنا بے معنی تھا۔

پھر اس نے دوسرا کپ چائے کا پیا ——— اپنی کتابوں سے گرد جھاڑی۔ ان کے ٹائیٹل پڑھے، ان کتابوں کو خریدے ہوئے مہینوں ہو چلے تھے لیکن پڑھنے کے لیے اس کے پاس وقت نہ تھا فقط ان کو دیکھ کر، چھو کر اسے دیرینہ دوستی کا احساس ہوتا تھا۔ وہ چاہے تو کبھی بھی ورق الٹ کر پڑھ سکتا ہے ——— یہ احساس گہرا ہوتا گیا کہ زندگی میں کتابیں ہی تو اس کی دوست ہیں ——— اوشا سے اتنا گہرا رشتہ ایک آواز سے ٹوٹ سکتا ہے تو باقی رشتے تو گنتی کے ہیں۔ پھر اس نے نوکر کو بلا کر دروازے گیلے کپڑے سے صاف کروائے۔ گرم پانی سے کانچ کے گلاس دھلائے۔ ڈیڑھ مہینے کے دوران میں آئی ہوئی ڈاک دیکھی۔ کچھ دعوت نامے، کچھ خط، کچھ رسالے اور کچھ بل ——— غیر ضروری وہ پھاڑتا گیا اور ضروری فائیل کرتا گیا۔ اس طرح بے معنی بے تکے کام کرتے ہوئے جب وہ ایک بل دیکھ رہا تھا تو ہندسے اس کی نظروں سے غائب ہو گئے۔ اس نے دوبارہ دیکھا، غور سے دیکھنے کی کوشش کی لیکن سب کچھ دھندلا گیا تھا۔ اپنی کم ہوتی ہوئی نظر کے بارے میں سوچنے لگا . . . پھر دھند اور بڑھ گئی کافی دیر تک اسے پتہ نہ چلا کہ وہ رو رہا ہے ——
جب اسے احساس ہوا کہ وہ رو رہا ہے تو بڑی تسکین ہوئی۔ رونا ایک انسانی فعل ہے۔ اور وہ رونے کی جرأت بھی کر سکتا ہے۔ یہ ایک صحت مند جذبہ ہے۔ دوسرے لفظوں میں وہ ابھی مرا نہیں۔

یعنی ابھی سب کچھ ختم نہیں ہوا ——— اس نے بِل اور خط وہیں رکھے اور سونے کے کمرے میں چلا گیا۔ دروازے اور کھڑکیاں پہلے بند کیں۔ پھر پردے گرا دیے۔ رونے کے اس ہوئے فعل کو وہ RITUAL کی صورت دینا چاہتا تھا۔ (IMAGERY) کے ساتھ وہ ذہن کی کسی سطح پر اس جذبے کو زندہ رکھنا چاہتا تھا کہ زندگی میں پہلی بار اس نے کسی کو چاہا ہے اور وہ ناکام ہوا ہے اور اوشا نے اسے دھوکا دیا ہے، جھوٹ بولا ہے بے وفائی کی ہے۔ یہ رشتہ جانے کب سے چل رہا ہے۔ اگر یہ بات وہ اسے بتا دیتی تو یہ تلخی، یہ بدمزگی شاید دونوں کے درمیان نہ آتی۔ اس نے اپنے کو روکا نہیں اور بے اختیار دھاڑیں مار کر رونے کے اس ایکٹ کے بعد اس نے سنجیدگی سے اپنے چہرے پر، اپنی آنکھوں پر چھینٹے مارے۔ ایک دھلا ہوا تولیہ لے کر اس نے منہ پونچھا اور باہر نکل گیا۔

گیارہ ساڑھے گیارہ بجے وہ ٹہلتا ہوا اوشا کی کالونی میں پہنچا ——— چوکیدار نے اُسے سلام کیا۔ چوکیدار کو ان کے تعلق کا علم تھا۔ اس لیے یوگیش اسے اکثر انعام دیتا۔ وہ جانتا تھا کہ اوشا اس وقت گھر میں نہیں ہوگی۔ اسی لیے وہ اس وقت وہاں گیا تھا۔ صبح جو بات اس کے ذہن نے طے کی تھی، اس کو وہ جسمانی روپ دینا چاہتا تھا۔

"اوشا ہے گھر میں؟"

"نہیں صاحب۔"

"اوہ ———" جیسے اُسے بہت حیرانی ہوئی ہو ——— اپنے اس رول میں وہ بہت خوش تھا۔ زندگی میں پہلی بار سراغ رساں بنا تھا لیکن زندگی میں پہلی بار تو چوٹ کھائی تھی اس نے۔

"صاحب، تم باہر گیا تھا؟"

"ہاں۔"

"جبھی بہت دن سے نہیں دیکھا۔"

"یہ رات کو گاڑی کس کی تھی؟"

"ایک آدمی آتا ہے، صاحب۔"

"روز آتا ہے۔"

"ہاں صاحب۔"

"کتنے دنوں سے؟"

"بہت دنوں سے۔ پہلے کبھی دن میں آتا تھا۔ ابھی رات کو۔"

"واپس کبھی جاتا ہے؟"

"بارہ ساڑھے بارہ ——— ہم کو کیا ہے صاحب، ہم کسی کو کیا بولے گا۔"

"ہاں ———" اب وہ سُن نہیں رہا تھا۔

"کبھی کبھی صاحب، رات کو بارہ بجے بولتا ہے سوڈا لے کر آؤ ——— اب رات کو بارہ بجے

سنڈا کدھر لے گا ——— لیکن میم صاحب کو وسکی کے لیے سوڈا ہی مانگتا ——— کام نہیں کرے گا تو گالی دیتا ہے۔"

اس کا چہرہ دھواں ہو چکا تھا۔ دل بھاری پتھر ہو گیا تھا۔ وہ دیکھ کر بھی نہیں دیکھ رہا تھا۔ یہ بے بسی، یہ کمزوری اس نے پہلے کبھی محسوس نہیں کی۔ وہ برابر مسکرا تا رہا، سنتا رہا۔ وہ بات جو ذہن لاشعوری طور پر قبول کر چکا تھا۔ شعوری طور پر قبول کرنے سے انکار کر رہا تھا۔ وہ بھوت جو ساری رات اس کے سرہانے کھڑے ہو کر مسکراتا رہا، اب اسے اچانک دیکھ کر خوفزدہ ہو گیا۔

جب وہ چلا آیا تو یہ اس نے طے کر لیا تھا کہ یہ رشتہ اسے ختم کرنا ہے۔ اور اس کو بھی ایک شکل دینی ہے، ایک روپ، فلم کا ایک سین بنانا ہے۔ تاکہ اسے دیکھ سکے اور آواز کو سن سکے ——— وہ اوشا کو ملنے چلا گیا۔ اوشا دیکھتے ہی اس کی طرف بڑھی، اسی وقت رات والی گاڑی آئی، رکی، دروازہ کھلا، ایک آدمی مسکراتا ہوا اپنا حق سمجھ کر گھر میں داخل ہوا۔ یوگیش کو چھوڑ کر اوشا نے مسکراتے ہوئے اس آدمی کا استقبال کیا۔ اس نے گھڑی کے لیے سوچا کہ کبھی یہ مسکراہٹ صرف اس کے لیے تھی، یہ بول صرف اس کے لیے تھے۔ اس آدمی کو اوشا نے ایک کرسی دی۔ یوگیش نے سوال کیا :

"رات کو جو تم نے کہا تھا وہ جھوٹ تھا۔"

اوشا نے جواب دیا : "ہاں۔"

پھر یوگیش نے اس سکھ کے بارے میں سوچا جو اوشا نے اسے دیا تھا اس کی مسکراہٹ۔ اس کے ننگے جسم کی گرمی، ان ہونٹوں کی نمی اور وہ آوازیں جو اس نے اندھیرے میں سنی تھیں۔ آنکھوں کا رنگ بدلتے ہوئے دیکھا تھا اور پھر تسکین کا احساس اوشا کے ہونٹوں پر بکھر جاتا۔

اور یوگیش نے کہا :

"اب تمھارا اور میرا کوئی رشتہ نہیں ہے۔"

"اچھا۔" اوشا نے جواب دیا۔

اور وہ رشتہ توڑ کر چلا آیا ———

اس نے اگلے دن اس نے اپنے دل میں ایک قبر بنائی۔ سنجیدگی سے لوبان، ناریل، پھول، جمع کیا۔ کوشش کی ان کی بو سے وہ گھٹن محسوس کرے اور مر جائے ——— کئی راتوں کو چونک کر وہ اٹھا، کئی بار رونے کی کوشش کی لیکن رو نہ سکا۔ سینے میں لوبان کا دھواں، آنکھوں میں گھی کے چراغ لیے وہ گھومتا رہا، آوارہ گردی کرتا رہا، میلوں پیدل چلتا رہا۔ اپنے آپ سے باتیں کرتا رہا :

"زندگی کو ایک ہی کھونٹے کے ساتھ باندھ کر آدمی کتنا بے بس، کتنا مجبور ہو جاتا ہے محبت کی

طلب اسے زندہ رکھتی ہے، مرنے دیتی ہے۔ آج وہ دور نہیں ہے کہ آدمی بغاوت کر کے، کپڑے پھاڑ کر چوراہے پر کھڑا ہو جائے اور اپنا نام مجنوں رکھ دے۔ محبت کا جذبہ آج بغاوت کا جذبہ نہیں ہے، شکست کا جذبہ ہے۔ شرمناک جذبہ ہے، فرار ہے، موت کی طلب ہے۔"

پھر اس نے اپنے آپ کو سزا دینا شروع کیا ——— اذیت دی۔ وہ صبح چھپ کر گلی کے موڑ پر کھڑا رہتا ——— جب اوشا کے نکلنے کا وقت ہوتا تو وہ اس کی جاتی ہوئی کار کو دیکھتا ——— اوشا کو گاڑی چلاتے ہوئے دیکھتا ——— کئی بار شام کے وقت اس کے راستے پر کھڑا رہتا، جب اس کے لوٹنے کا وقت ہوتا۔ رات کو اس گلی کی سب گاڑیاں دیکھتا اور اس گاڑی کا نمبر تلاش کرتا، جس میں مبینہ طور پر وہ شخص اوشا سے ملنے آتا ——— پھر اس شخص کی صورت دیکھتا اور اس کا مقابلہ اپنی صورت سے کرتا ——— کئی بار خوش فہمیاں گھڑتا کہ وہ شخص اپنی غرض پوری کر کے بہت جلد اسے چھوڑ کر چلا جائے گا ——— اور اوشا روتی ہوئی گڑگڑاتی ہوئی اس کے پاس آئے گی کہ وہ بہتر انسان ہے اس لیے کہ اس نے اوشا سے جھوٹ نہیں بولا، اس لیے کہ وہ ایماندار ہے، بےغرض ہے۔ کبھی کبھی رات کو وہ بےبس ہو جاتا اور پیدل چلتا ہوا اس بستی میں پہنچ جاتا ——— رات پچھلے پہر وہ شخص کار میں آتا ——— کچھ دیر تک کھڑکی میں روشنی رہتی پھر اندھیرا چھا جاتا اور وہ گلیوں اس اندھیرے میں گھومتا رہتا۔ چکر کاٹتا رہتا ——— رات سرد ہو جاتی۔ سڑکیں ویران ہو جاتیں۔ کبھی وہ گلی کے ایک سرے پر، کبھی دوسرے سرے پر ٹہلتے ہوئے اس آدمی کا انتظار کرتا ——— کب وہ لوٹتا ہے۔ لوٹتا بھی ہے یا نہیں ——— کئی بار اس نے دل سے کہا رو لے ——— یوں جنازہ اٹھائے اس کے کندھے بوجھ سے تھک گئے ہیں ——— یوں سفر کرتے۔ رت جگے کرتے۔ اس کی آنکھوں کے گرد حلقے پڑ گئے ہیں۔ ہونٹ سوکھ گئے ہیں اور وہ زندگی سے بےتعلق ہو گیا ہے۔ دن گزرتے گئے اس کا چہرہ دھواں ہوتا رہا۔

پھر ایک دن اس نے دل سے کہا اٹھو۔ دن کا سامنا کرو ——— چھوٹی چھوٹی باتوں سے دن شروع کرو، دانتوں کو برش کرو ——— غرارے کرو ——— مٹکے کا ٹھنڈا پانی پیو، پھر چائے کا دور شروع کرو ——— بالکل بے معنی باتیں سوچو، بے سر پیر کی ——— زندگی سے امید مت رکھو۔

پھر وہ اپنے سونے کے کمرے میں گیا جہاں وہ رہ رہا تھا ——— اس نے اسی طرح کھڑکیوں پر پردے گرا دیے۔ دروازہ بند کر دیا ——— اندھیرے میں اپنے دل کے اندر غصے کی چنگاریاں ڈھونڈنے لگا ——— وہ آگ جو نا انصافی کے خلاف دہکا کرتی تھی ——— اسے دیکھ کر تسکین ہوئی کہ وہ ابھی بجھی نہیں ——— وہ دروازہ کھول کر باہر نکل آیا ——— پھر اس نے چاروں طرف سے اپنے گھر کو دیکھا ——— ننگی دیواریں، خالی کمرے، خاموش دروازے کھڑکیاں، چپ چاپ دہلیز، ٹھنڈا

برنیلا فرش ـــــ اس نے فون کا نمبر گھمایا ـــــ اُدشا کی آواز پہچان کر کہا کہ . . . وہ اس کے ساتھ کسی طرح کا کوئی واسطہ نہیں رکھنا چاہتا اور وہ اسے ملنے کی کوشش نہ کرے ـــ ـــ اسے محسوس ہوا کہ اس نے سمجھوتہ کرنا چھوڑ دیا ہے ـــــ اور یہ سلسلے کی پہلی کڑی ہے۔

تیسرا آدمی

دن روز ذات سے کچھ چرا لیتا ہے۔ پھر ٹکڑوں میں بانٹ دیتا ہے۔ دن شروع کرنے سے پہلے روز تین چار کپ چائے پی کر بٹے ہوئے ٹکڑوں کو جوڑنا پڑتا ہے —— سالوں سال بیت گئے ہیں، یوں ہی، اس طرح ہی —— اور کبھی کبھی اندیشہ ہوتا ہے کہ بے دھیانی میں جسم کا کوئی ٹکڑا جوڑنا بھول تو نہیں گیا ——

ایسا نہیں ہے کہ میری بیوی یہ رول نہیں کر سکتی۔ وہ کر سکتی ہے اور میں کروا سکتا ہوں۔ مندا ایک گھریلو لڑکی تھی۔ پہلے تین برسوں میں اس نے کچھ ایسے کردار بھی اسٹیج پر کیے ہیں جن میں جسم کی نمائش تھی۔ فٹ پاتھ چھاپ ڈائیلاگ بھی تھے۔ دھندے والی کا رول بھی اس نے بہت اچھی طرح کیا تھا۔ پھر کیا بات ہے کہ دو تین دنوں سے میں فیصلہ نہیں کر پا رہا۔

اسٹیج کی بہت سی نئی پرانی ہیروئنیں ہمیشہ مجھے اور کبھی کبھی مندا کو طعنے دیتی رہتی ہیں۔ مجھے کہتی ہیں، یہ کیا، ہر دفعہ اپنی گھر والی کو ہیروئن لیتے رہو۔ مندا کو کہتی ہیں بے چارے گھر والے کو چانس کیوں نہیں دیتی، ہمیشہ ساتھ چپکی رہتی ہو۔ اور مندا بھی اکثر مجھ سے کہتی ہے بے چارہ گھر والا رے! ہمیشہ میرے ساتھ ہی کام چلانا پڑتا ہے

اس کو۔ کتنا کنشال گیا ہے رے دلوا۔

میٹر کی پارٹی میں ریکھا نے ایک نئی صورت پیدا کر دی تھی۔ سب کے سامنے، ہاتھ میں دارو کا گلاس لے کر، میرے پاس آ کر چپک کر بیٹھ گئی تھی۔ مندا سے بھٹ سے بول اٹھی تھی کہ اگلے ناٹک میں وہ میرے ساتھ کام کر رہی ہے۔ رول کے لیے جس باڈی کی ضرورت ہے وہ اس کے پاس ہے، مندا کے پاس نہیں۔ اور یہ بھی کہا تھا سب کے سامنے کہ وہ مجھے کچھ دنوں کے لیے مندا سے اُدھار لے گی، کچھ دنوں کے لیے ——— گھبرانا نہیں، ہمیشہ کے لیے اس کو ضرورت بھی نہیں ——— مندا کچھ جھینپ سی گئی تھی۔ آخر وہ بھی ایکٹرس ہے، ہنس کر بولی، اس میں برا کیا ہے۔ مجھ کو بھی کچھ دنوں کا چانس ملے گا۔ اس میں کتنی سچائی تھی، کتنا ابھینے (ایکٹنگ) تھا، بتانا مشکل تھا۔ ہماری اسٹیج کی برادری میں بس ایک ہی مار ہے۔ کون کس وقت ایکٹنگ کرتا ہے، کس وقت سچ بولتا ہے، پتہ نہیں چلتا۔ گڈمڈ ہو جاتا ہے ——— بس اس دن سے مندا مجھ سے کچھ کھچی کھچی رہنے لگی تھی۔

اب مجھ میں اتنی طاقت نہیں کہ میں روز بیٹھ کر اپنے ارادوں کا تجزیہ کروں۔ اچھے برے کی تمیز بھی مشکل تھی ——— اپنی کسی خاص ضرورت کے لیے کب آسانی سے سمجھوتہ ہو جاتا ہے، پتہ بھی نہیں چلتا۔

آج کل رامائن، مہابھارت یا گریک مائتھولوجی کے پاتر (کردار) دکھائی نہیں دیتے۔ ایک ہی دھن ایک ہی خیال لیے، چٹان کی طرح کھڑے، آندھی طوفان بارش کا مقابلہ کرتے ہوئے، تھپیڑوں کو سہتے ہوئے، سنگتراش کے بتوں کی طرح جمے ہوئے، وقت کا سامنا کرتے ہوئے لوگ آج کہاں دکھائی دیتے ہیں۔ آج کل تو آدمی کاغذ کے بنے ہیں ——— ایسا لگتا ہے ان کا مولڈ، خاکہ، قد کاٹھ، بولنا چالنا ——— سب دلی میں ڈھالا جاتا ہے ——— دلی میں سرکار اپنی مرضی کے آدمی بناتی ہے، بگاڑتی ہے۔ فیکٹری سے نکلے ہوئے، ایک خیال کے آدمی، سر جھکائے اپنا کام کرتے چلے جاتے ہیں۔

اسی اُدھیڑبن میں مجھ سے ایکسیڈنٹ ہو گیا۔

ایسا نہیں کہ اس ایکسیڈنٹ میں پورے کا پورا قصور میرا ہو ——— میں ڈرائیور برا نہیں ہوں، ٹھیک ٹھاک ہی ہوں۔ اور ڈرائیور برا ہوتا تو آدمی مارا بھی جا سکتا تھا۔

میرے رائٹ سے ایک ٹیمپو نے سگنل کراس کر دیا تھا۔ مجھے جب سگنل ملا، تو میں نے گاڑی گیئر میں ڈال دی ——— ٹریفک پولیس کے حوالدار نے ٹیمپو کو رکنے کا اشارہ کیا۔ مجھے لگا کہ ٹیمپو میرے لیفٹ پر رکنے جا رہا ہے اور حوالدار اس کی طرف بڑھ رہا ہے۔ میں نے گاڑی ذرا رائٹ کی طرف کر لی۔ اتنے میں پتہ نہیں ٹیمپو والے کو کیا سوجھی کہ جیسے ہی حوالدار ٹیمپو کی طرف پہنچا، ڈرائیور ٹیمپو کو بھگا کر لے گیا اور ٹھیک مجھے کراس کرتا ہوا، میرے رائٹ سے نکل گیا۔ حوالدار کو اس کی امید نہ تھی۔ اچانک قصوروار ڈرائیور کو اس طرح بھاگتے دیکھ کر بوکھلا سا گیا اور غصے میں اس کی طرف لپکا۔ میں نے ٹیمپو کو بچانے کے لیے گاڑی لیفٹ کی طرف کی تو حوالدار گاڑی کی زد میں آ گیا۔ حوالدار بھی جانتا تھا کہ میرا قصور نہیں، میں بھی جانتا تھا میرا قصور نہیں۔ لیکن ایکسیڈنٹ ہو چکا تھا اور جس کو چوٹ آئی تھی وہ پولیس کا سپاہی تھا۔

میں فوراً گاڑی سے اُتر کر سپاہی کے پاس پہنچا —— میں نے پوچھا۔ ۔ ۔ چوٹ تو نہیں آئی۔ اُس نے کہا۔ ۔ ۔ خاص نہیں —— اتنے میں مجھے تیسری آواز سُنائی دی۔ ۔ ۔ آئی ہے جی، بہت زور کی چوٹ آئی ہے۔ میں نے آنکھ اُٹھا کر دیکھا۔ ایک اور سپاہی جس نے یہ حادثہ دیکھا تھا، موقعۂ واردات پر آ پہنچا۔ ۔ ۔ آپ کیسے کہہ سکتے ہیں کہ چوٹ نہیں آئی۔ باہر دکھائی نہیں دیتی تو یہ آپ کی آنکھ کا قصور ہے اور ہو سکتا ہے کہ چوٹ اندرونی ہو۔ جس کا درد آج نہیں تو اگلے مہینے کی گیارہ تاریخ کو شروع ہو۔ یا چوٹ آج نہ معلوم ہو تو اگلے ہفتے اس کا احساس ہو سکتا ہے۔ پھر چوٹ کا کیا ہے، چوٹ تو میں بھی لگا سکتا ہوں۔ اس لیے آپ کو پولیس چوکی چلنا پڑے گا۔ یہ ایک تیسرا آدمی اپنی ایک شخصیت لیے میری زندگی میں آیا تھا۔ اس کا رنگ روپ، مین نقش، قد کاٹھ، چلنا پھرنا، باتیں کرنا بالکل نیا سا تھا۔ میں اس کا ہسٹری جغرافیہ سمجھ نہیں پا رہا تھا۔ لیکن لگتا تھا کہ یہ تیسرا آدمی ملک میں پیدا ہو چکا ہے اور دھیرے دھیرے GROW کر رہا ہے، بڑھ رہا ہے —— اور یہ بھی احساس ہوا کہ اس طرح کے آدمیوں کی تعداد بھی بڑھتی جائے گی اور آہستہ آہستہ یہ عام آدمی کو، ناگرک کو گھیرتے رہیں گے۔ اس آدمی کو دیکھ کر مجھے پتہ نہیں کیا لگا۔ ذرا سا ڈر، کچھ لجلجا پن اور چڑچڑاہٹ —— ایسا کچھ ملا جلا اثر چھوڑا اس نے مجھ پر۔ جیسے میں نے ایک گلاس سمندر کا کھارا پانی پی لیا ہو۔ میں نے ہلکے سے کہا۔ ۔ ۔ پہلے میں اسے ہسپتال لے جاؤں گا، پھر چاہو تو پولیس چوکی بھی چل سکتا ہوں۔ جس سپاہی کو چوٹ لگی تھی اس نے جواب دیا کہ ہسپتال جانے کی ضرورت نہیں ہے اور پولیس چوکی میں چلنے کا سوال ہی نہیں اُٹھتا، کیونکہ ان صاحب کا قصور نہیں ہے، بلکہ قصور میرا ہے کہ میں بے دھیانی میں ٹیمپو کے پیچھے بھاگا۔ اگر ان کی گاڑی کنٹرول میں نہ ہوتی تو میں بری طرح زخمی ہوتا ہو سکتا ہے کہ میں مر بھی جاتا —— بردبر بولا۔ وہ سپاہی جو تیسرے آدمی کا رول ادا کر رہا تھا، بولتا چلا گیا۔ پولیس چوکی تو جانا ہی پڑے گا۔ پھر میں گواہ ہے۔ میں نے ایکسیڈنٹ اپنی آنکھوں سے دیکھا ہے۔ میں نے کیا دیکھا ہے، آپ کو کیا مالوم! میں اُدھر کیا بولے گا، کیا گواہی دے گا، میرے کو بھی نہیں مالوم! اس لیے بولتا ہے پولیس چوکی تو چلنا ہی ج پڑیں گا —— میں نے کہا، پہلے ہسپتال چلتے ہیں۔ تیسرے آدمی نے کہا۔ ۔ ۔ پولیس چوکی۔ ۔ ۔ میں نے ڈانٹ کر کہا۔ ۔ ۔ ہسپتال —— اس نے چڑ کر کہا۔ ۔ ۔ پھر پولیس چوکی

ہسپتال لے جانے کا میرا ایک مقصد بھی تھا۔ میں اپنے آپ کو محفوظ کرنا چاہتا تھا۔ جو چوٹ آج نہیں لگی، کل لگ سکتی تھی۔ جو چوٹ آج کم ہے، وہ کل بڑھ سکتی تھی۔ جو چوٹ آج نہیں ہے، کل گہری ہو سکتی تھی۔ پھر واردات کا ورشن (VERSION) بھی بدل سکتا تھا۔ ٹیمپو ٹھیک ٹھاک چل رہا تھا۔ میں نے سگنل توڑا ہے۔ میں نے صبح صبح دارو پی رکھی تھی کیونکہ میرے منہ سے باس آ رہی تھی۔ ہسپتال جا کر ایک پروفیشنل گواہ مجھے مل سکتا ہے۔ ایک ڈاکٹر کی رپورٹ میری بے گناہی کا ثبوت بن سکتی ہے۔

اتنے حربے، اتنی چالاکی میں کہاں سے سیکھ گیا، کہنا بہت مشکل ہے۔ اس وقت یہ باتیں کیسے سوجھ رہی تھیں، میں بتا نہیں سکتا۔ شاید جس سماج میں ہم رہتے ہیں، جن حالات کا روز سامنا کرنا پڑ رہا ہے ——

ان میں جینے کے لیے یہ حربے ضروری ہو گئے ہیں۔

ہسپتال میں ڈاکٹر مجھے پہچان گیا —— وہ میرے ناٹک دیکھ چکا تھا، ٹی وی پر انٹرویو بھی اس نے دیکھا تھا۔ پٹی باندھتے ہوئے وہ میرے بارے میں باتیں کرتا رہا۔ میرے انکار کے باوجود، اس نے زبردستی مجھے چائے پلائی۔ چوٹ کے بارے میں اس نے اپنی ایکسپرٹ رائے دی کہ ذرا سی خراش ہے —— بس!

لیکن پولیس انسپکٹر مہاراشٹرین نہیں تھا —— اس نے میرے ناٹک نہیں دیکھے تھے۔ وہ میرے بارے میں کچھ نہیں جانتا تھا —— مجھے اپنے بارے میں بات کرتے ہوئے بہت الجھن ہو رہی تھی لیکن مجھے بتانا پڑا کہ میں ایک مشہور آدمی ہوں، منسٹر صاحب کو جانتا ہوں، وہ بھی مجھے جانتے ہیں۔ پیپر والوں سے میرا سمبندھ بہت اچھا ہے۔ جب میں اپنا بھاشن پورا کر چکا تو وہ بولا، کیس ویس کیا ہوتا ہے، کچھ بھی نہیں ہوتا۔ لاک اپ ایک ایسی جگہ ہوتی ہے جو ہر پولیس اسٹیشن میں پائی جاتی ہے۔ جرم کاغذ پہ لکھی ہوئی تحریر کو کہتے ہیں۔ وقت بے چارہ قیدی ہے، پولیس اسٹیشن کے باہر جا ہی نہیں سکتا —— ضمانت تو کرانی ہی پڑے گی۔ اس کے لیے ضمانت والا چاہیے۔
میں اس تیسرے آدمی کو دیکھ رہا تھا۔ پھر انسپکٹر فرنانڈس کو دیکھ رہا تھا۔ دونوں جڑواں بھائی لگ رہے تھے۔ تیسرے آدمی کی تعداد بڑھتی جا رہی تھی۔ ایک جمع ایک کی شروعات ہو چکی تھی۔

اور اس گھڑی میں نے سمجھوتہ کرنا شروع کر دیا تھا۔ صبح گھر سے کام کے لیے نکلا تھا اور پولیس اسٹیشن میں بیٹھا تھا۔ ضمانت کے لیے کسی کو فون کر سکتا تھا۔ جو باتیں میں نے اپنے بارے میں بتائی تھیں وہ سب سچی تھیں۔ منسٹر کو بھی فون کر سکتا تھا لیکن آسانی کے لیے اس دردِ سر سے بچنے کے لیے میں وہ سب کچھ کرنے کو تیار ہو گیا تھا، جو وہ مجھ سے امید کرتے تھے —— میں نے جیب میں ہاتھ ڈالا تو وہ چلا اٹھا۔۔۔ یہ کیا کر رہے ہیں آپ —— ہر بات کا ایک سسٹم ہے۔ میں ہوں، میرے نیچے کچھ سپاہی، میرے اوپر کچھ آفیسرز —— ہر آدمی اپنا اپنا کام ٹھیک کرتا ہے۔ یہ ماچس ہے۔ اس سے کئی کام لیے جا سکتے ہیں، آگ لگانے کے علاوہ —— آپ باتھ روم میں جا سکتے ہیں۔ پیشاب کرنا لازمی ہو گیا ہے۔ صاحب کو باتھ روم دکھاؤ۔ میں وہ ماچس کی ڈبیا لیے باتھ روم میں گیا۔ اس میں سو روپے کا ایک نوٹ تہہ کر کے ڈالا۔ واپس اسی کرسی پر آ کر بیٹھ گیا۔ ماچس کو میز پر رکھا اور کیرم کی گوٹی کی طرح نشانہ لگا کر ماچس انسپکٹر کی طرف بڑھائی —— میں اسکول کے دنوں میں کیرم کھیلتا رہا ہوں، میری کیرم کافی اچھی ہے۔ ماچس کی ڈبیا سیدھے دوسرے کنارے پر انسپکٹر کے ہاتھ کے پاس جا کر رکی۔ انسپکٹر نے ماچس کو پہلے نہیں چھوا۔ اپنی میز کے اوپر کی دراز سے سگریٹ کا پیکٹ نکالا۔ اس میں سے سگریٹ نکال کر ہونٹوں میں دبائی۔ اب اس نے میری پھینکی ہوئی ماچس کو اس طرح کھولا جیسے دیا سلائی نکال کر سگریٹ جلانے والا ہو۔ اس نے نوٹ کی شناخت کی اور جیسے اسے کوئی بات یاد آ گئی ہو، اس نے وہ ماچس اسی دراز میں ڈال دی، اور اٹھ کھڑا ہوا۔ مجھ سے ایسے ہاتھ ملانے لگا جیسے میں اس کا سالا ہوں، اور وہ میرا بہنوئی ہے —— اور وہ تیسرا آدمی میری بہن کا چھوٹا بھائی ہے —— یہ رشتہ قائم کر کے میں پولیس چوکی سے باہر آیا۔

پھر میری پیشی ہوئی —— جس ٹیمپو والے نے جرم کیا تھا اس کا کہیں پتہ نہیں تھا۔ میں کٹہرے میں کھڑا تھا۔ میری بیوی سفید ساڑی موقعے کی مناسبت سے پہن کر آئی تھی لیکن بلاؤز کا کٹ بہت LOW

تھا۔ لپ اسٹک بھی ذرا شوخ تھی۔ بلاؤز پوری آستین کی تھی، لیکن پیٹھ اور سینہ ننگا ہونے کے کارن، ایک دوغلے پن کا احساس ہو رہا تھا ——— یہ جانتے ہوئے بھی کہ مَیں بے قصور ہوں۔ تھوڑا سا نروس تھا ——— کوشش تھی کہ اس کا اظہار نہ ہو، لیکن پسینہ میرے جسم کے ہر حصّے سے بہہ رہا تھا، لگتا تھا کہ کیڑے مکوڑے جسم پر رینگ رہے ہیں۔

جج صاحب آئے۔ انھوں نے میری طرف دیکھا، پھر کیس پیپر کی طرف، پھر حاضرین کی طرف۔ وہ مجھے بزرگ سے لگے۔ کچھ بھونڈے سے ——— چاچا، تایا، باپ کی صورت لیے۔ موٹا سا چشمہ پہنے۔ اپنی الّو کی سی آنکھوں سے دیکھنے لگے جیسے کہنا چاہتے ہوں . . . سمجھوتہ بیسویں صدی کی بہت بڑی ضرورت ہے۔ آدرش، قدریں اور اس طرح کے دوسرے الفاظ اپنے معنی کھو چکے ہیں۔ میں تو کہوں گا کہ سمجھوتے کو دھرم کا استھان دینا چاہیے، کہ کسی طرح کا جھگڑا اکھڑا ہی نہ ہو ——— آدمی ہر بات پر سمجھوتہ کرے، یہی آسان راستہ ہے ——— مَیں نے اپنی بیوی اور اس کے عاشق کے ساتھ سمجھوتہ کر لیا ہے۔ بس اسی دن سے گھر میں چین ہے۔ بچّوں نے بھی سمجھوتہ کر لیا ہے۔ وہ اپنی ماں کے پریمی کو انکل کہنے لگے ہیں۔ اس طرح ہمارا گھر تباہی سے بچ گیا ہے اور گھر کے بہت سے خرچے، جو مَیں اپنی ذلیل تنخواہ کی وجہ سے نہیں اٹھا سکتا، بچّوں کے انکل کے ذمّے آ گئے ہیں۔

جج نے اپنا چشمہ اتارا، بولے، منڈوالی کر لینی چاہیے ——— کورٹ کچہری اچھی بات نہیں ہے۔ میں منڈوالی ایکسپرٹ ہوں۔ پھر گاندھی جی کے اس دیش میں جھگڑا ویسے بھی اچھی بات نہیں ہے۔ ٹائم کھوٹی ہوتا ہے۔ پیسہ فالتو میں جاتا ہے۔

مَیں نے کہا مَیں راضی ہوں۔ سپاہی بولا . . . مَیں راضی ہوں۔ جج نے فیصلہ سنایا، مَیں راضی ہوں۔ میری بیوی مسکراتی رہی۔ اور اس ساری کارروائی سے وہ تیسرا آدمی بہت خوش تھا۔

مَیں سپاہی کے ساتھ باہر آیا۔ مَیں نے کہا . . . ڈھائی سو روپیہ کافی ہے۔ سپاہی غریب آدمی تھا ——— بولا، ساب جو مرضی ہو آپ کی ——— مَیں اس کی شرافت سے بہت متاثر ہوا اور سو سو کے پانچ نوٹ اس کے ہاتھ میں تھما دیے۔ اتنے سارے نوٹ دیکھ کر اس کے ہاتھ کانپنے لگے۔ بولا . . . ساب، اچھا ہوتا کہ ایکسیڈنٹ میں میری ٹانگ ٹوٹ جاتی، یا ہاتھ چلا جاتا ——— آپ مجھے پانچ دس ہزار روپے دیتے۔ مَیں ہسپتال میں پڑا رہتا ——— نہ افسر لوگوں کی ڈانٹ ڈپٹ، نہ یہ ذلیل نوکری۔ میں سیدھا سادا مانس ہوں۔ رشوت مانگنا آتا نہیں ہے۔ ہاتھ میں چونّی، اٹھنّی، زیادہ سے زیادہ ایک روپیہ ڈال کر لوگ چلے جاتے ہیں۔ آگے جا کر گندی گالی دیتے ہیں۔

مَیں ہنستے ہوئے بولا . . . دوسری گاڑی کے نیچے آنے کی کوشش نہیں کرنا، جان سے جاؤ گے۔ پیسہ ملے گا تمھارے افسروں کو ——— تم تو اس دنیا میں نہیں رہو گے، بچّے یتیم ہو جائیں گے اور بیوی تمھاری ان کا پیٹ پالنے کے لیے دھندے پر بیٹھ جائے گی۔ تم جینے کا فن نہیں جانتے۔ اس کے لیے ’جو ٹیڑھا‘ جو حرامی بن جاتا ہے ——— وہ تم میں نہیں ہے۔

اور اس چھوٹے سے آدمی نے، جس کی کوئی پہچان نہیں تھی، بس کار نے ایک نمبر دے دیا تھا اس کو ——— اس نے بہت گمبھیر تا سے بھوشیہ وانی سنائی . . . ساب کتنے دن جئیں گا ہم، یہ تو ہوکے

رہے گا اس دیس میں۔

ہم دونوں ساتھ کورٹ میں داخل ہوئے۔ جج اسی طرح باپ، چاچا، تایا کی صورت لیے مسکرایا۔ اچھا ہو گیا، بہت اچھا ہو گیا۔

میں اس ماحول سے بھاگنا چاہتا تھا۔ جی چاہتا تھا سمندر کے کنارے جا کر تنہا کھڑا رہوں جتنی جلدی ہو سکے اس کورٹ کے باہر نکلوں۔ جیسے ہی میں اپنی بیوی کے ساتھ باہر آیا: جج کا کلرک پیچھے سے بلانے لگا—— صاحب سلام بولتے ہیں —— میں نے سلام کی وضاحت چاہی۔ اس نے کہا . . . پیپر پر کچھ نہ لکھنے کی قیمت ہوتی ہے۔ یہ ہو سکتا ہے کہ وہ کیس پیپر پر لکھ دیں کہ فلاں کیس میں منڈوالی ہو گئی ہے: تو یہ بھی شریف آدمی کے لیے ایک طرح کا جرم ہی ہے۔ اور میں چاہوں تو اس کیس پر کچھ نہیں لکھا جائے گا اور ریکارڈ صاف رہے گا۔ جج صاحب منڈاولی، سمجھتے کے ایکسپرٹ ہیں۔ مجھے لگا منڈوالی پر ایک کویتا لکھی جانی چاہیے —— میں نے پیپر پر کچھ "نہ لکھنے کی" فیس سو روپے ادا کی۔ پھر کلرک نے اپنی بخشش مانگی۔ اس کو دس روپے دیے۔ پھر چپراسی کو پانچ روپے دیے۔ ایک حولدار کھڑا تھا، اس نے سلام کیا، اس کو اٹھنی دی۔ دو ایک کورٹ کے ملازم مجھے گھیرنے والے تھے: میری بیوی نے مجھے گھسیٹا اور مجھے باہر لے آئی۔

جب باہر نکلا، تو عجیب سا ہلکا پن محسوس ہو رہا تھا۔ کچھ گھٹن سی محسوس ہو رہی تھی —— میں چلا تھا کچھ آدرش لے کر۔ کچھ قدروں کو مانتا تھا۔ جو ناٹک میں کھیلتا تھا ان میں کچھ معنی ہوتے تھے۔ بس کچھ دنوں سے تن آسانی سے کام لے رہا تھا۔ عجیب سا، خراب ذائقہ زبان پر لے کر گھوم رہا تھا۔ جسم بھی کچھ کچھ میرے قابو سے نکل رہا تھا۔ میں نے بیوی سے کہا، میں ٹاؤن میں آ گیا ہوں، دو چار کام دیکھ لیتا ہوں۔ یہ بات بھی نئی سی تھی۔ میں بھی جانتا تھا، مندا بھی جانتی تھی۔ ٹاؤن میں بہت کم آنا ہوتا ہے ہم لوگوں کا۔ اور جب ایک آدھ بار آتے ہیں، تو دونوں کوئی فلم دیکھتے ہیں۔ کھانا بھی باہر کھاتے ہیں —— دونوں کی CHANGE سی ہو جاتی ہے۔

میری بات سن کر میری بیوی رک گئی۔ ذرا سی دیر کے لیے وہ اپنا رنگ کھو بیٹھی —— مجھے بس ایک کلوز اپ تھا، جو فریز ہو گیا تھا۔ وہ محسوس کر چکی تھی، اور میں بھی محسوس کر رہا تھا کہ اس ایک فقرے سے، اس ذرا سی دیر میں کہیں کچھ بدل گیا ہے۔ شیشے میں بال آ گیا ہے اور ہم ایک دوسرے سے الگ ہو رہے ہیں، ایک دوسرے کو کھو رہے ہیں۔ یہ سلسلہ شروع ہو گیا ہے۔ جیسے دریا اپنے کنارے سے دھیرے دھیرے، پتہ بھی نہیں چلتا، مٹی بہا کر لے جاتا ہے اور آخر کنارے توڑ دیتا ہے —— پورٹریٹ گیلری میں، حولدار جو میرے آدمی کا رول ادا کر رہا تھا، انسپکٹر فرنانڈس کے ساتھ ساتھ، جج صاحب اور میری بھی تصویر لگ چکی تھی —— گنتی باقاعدہ بڑھتی جا رہی تھی اور پورا یقین ہے، آگے اور بڑھتی رہے گی۔

میری بیوی نے جلدی سے ایک ٹیکسی روکی، اور بنا پیچھے دیکھے گھر کی طرف چل دی۔ میں نے چار قدم چل کر ریکھا کو فون کیا۔ اس نے کہا، گھر آ جاؤ۔ گھر میں کوئی نہیں ہے۔ آتے ہوئے ایک بوتل لائم کورڈیل لیتے آنا، جن میرے پاس ہے۔

ہم نے چار چار پیگ جن کے لیے۔ وہ خوب چہکتی رہی۔ اندر باہر، باہر اندر آتی جاتی رہی۔ کچن باتھ روم، بیڈ روم میں گھومتی رہی۔ بیچ بیچ میں فون کرتی رہی، فون سنتی رہی۔ اپنے بدن سے ایک ایک لباس اتارتی رہی۔ میں اس کے بستر پر لیٹا لیٹا ایک ٹھہراؤ سا محسوس کرنے لگا۔ کچھ سمجھ میں نہیں آرہا تھا۔ وہ عورت اپنے جسم کے ساتھ ولگر (VULGAR) بھی لگ رہی تھی۔ مجھ میں ہمت نہیں تھی کہ اپنے جسم کو اٹھا کر باہر چلا جاؤں ——— کورٹ کا بوجھل اور گھناؤنا ماحول اب بھی مجھ پر طاری تھا۔ ایک کڑواہٹ، کسیلاپن زبان کی نوک سے حلق کی طرف رِس رہا تھا۔ چوتھا پیگ پی چکا تھا۔ پتہ نہیں، کس وقت، کب ریکھا میرے پاس بستر پر آگئی۔

کاغذی کارروائی

"میں مر چکا ہوں" ـــــــ اسے اعلان کیے ایک ہفتہ ہو گیا تھا۔ لیکن سرکاری افسر نے ابھی تک کاغذ پر دستخط نہیں کیے تھے۔ اس لیے تصدیق نہیں ہو سکی تھی۔ اس نے کئی دفعہ سرکاری افسر کو اپنی خالی آنکھوں سے دیکھا، اپنے سرد ہوتے ہوئے جسم کی طرف اشارہ کیا کہ وہ کاغذ پر دستخط کر دے تاکہ اس کی موت کی تصدیق ہو سکے اور اسے مرا ہوا قرار دیا جائے اور اس کی جان اس جان سے چھوٹ جائے۔ لیکن سرکاری افسر مجبور تھا، اسے پوری کاغذی کارروائی کرنی تھی، پنچ نامہ تیار کرنا تھا، اس پر گواہوں کے دستخط کرانے تھے، پنچ نامے پر مہر لگانی تھی، جبھی وہ دستخط کر سکتا تھا۔

اب اسے چوراہے پر کھڑا کر دیا گیا ـــــــ سرکاری افسر اپنی کرسی سامنے لے آیا تھا، وہ ڈھنڈھورا پٹوا رہا تھا کہ اے شہر کے لوگو، یہ شہری اپنے آپ کو مرا ہوا قرار دیتا ہے۔ مجھے اس بات کی تصدیق کرنی ہے کہ یہ مرا ہوا ہے اور میں تب تک کاغذ پر دستخط نہیں کر سکتا جب تک پنچ نامے پر گواہ دستخط نہ کر دیں۔ میں سات چوراہوں پر اسے لے جا چکا ہوں، ڈھنڈھورا پٹوا چکا ہوں۔ کوئی آدمی اسے پہچانتا نہیں۔

سرکاری کاروائی کے لیے پہلے یہ ثابت کرنا ہے کہ یہ آدمی ہے، اس کی کوئی شناخت ہے۔ اور یہ تبھی ممکن ہو سکتا ہے کہ اس شہر میں کوئی دو شخص حلف اٹھائیں کہ یہ زندہ ہے۔ اور پھر وہی دو آدمی پنچ نامے پر دستخط کریں کہ یہ مر چکا ہے اور اس طرح اتنے دنوں کی رکی ہوئی سرکاری کاروائی آگے بڑھ سکتی ہے۔ میں کاغذ پر دستخط کر سکتا ہوں اور اس کی جان اس جان سے چھوٹ سکتی ہے۔

اس بار اسے چوراہے کے بیچ کھڑا کر دیا گیا جیسے کسی کو اکھاڑے میں اتارا جاتا ہے اور سرکاری افسر خود تماشہ دیکھنے لگا۔ سرکاری افسر کی اس حرکت سے عجیب ہو کا عالم چھا گیا، جیسے وہ شہری نہ ہو کر لوگوں کو پھانسنے کا ایک جال ہو، ایک سازش ہو۔ جو شہری جہاں کھڑا تھا وہیں رک گیا کہ یہ کوئی نئی چال ہے، کوئی حربہ ہے —— برسوں سے سرکار نئے نئے کھیل ایجاد کرتی رہی ہے۔ کبھی آئینہ دکھا کر، کہیں سیاہ تختہ دکھا کر، کہیں کوئی کاغذ دکھا کر، آزادی چھینتی رہی ہے۔ چور سپاہی کا کھیل تو عام ہے —— تو چور میں سپاہی —— تو آگے بھاگ، میں پیچھے دوڑتا ہوں۔ گلی محلے میں، سڑک پر، پگڈنڈی پر، ندی نالوں سے، پہاڑی راستوں پر یہ کھیل ہوتا رہا —— چور ہنستا رہا کہ وہ چور نہیں ہے۔ چور خوش تھا کہ اس نے سپاہی کو اپنے پیچھے لگا رکھا ہے۔ چور مطمئن تھا کہ وہ گرفتار نہیں ہو سکتا۔ چور کو یقین تھا کہ اس کھیل میں گرفتاری کے بعد کوئی سزا نہیں ہے۔ چور ہنس رہا تھا کہ اس کھیل میں ہنسی خوشی وقت کٹ رہا ہے۔ پھر چور گرفتار ہوا، پنچ نامہ تیار ہوا، تصدیق ہوئی کہ چور، چور ہے۔ یہ کاروائی سر بازار ہوتی رہی —— لوگ دیکھتے رہے، سمجھتے رہے لیکن ناسمجھی کا ڈھونگ کرتے رہے۔ یہاں تک کہ ان کے اپنے گھر میں ایک آدمی گم ہو گیا۔ پھر بھی وہ ناسمجھی کا بہانہ کرتے رہے۔ گمشدہ آدمی کو گمشدہ ہی سمجھتے رہے۔ دھیرے دھیرے رشتے سے انکار کرنے لگے۔ قول قرار جیسے لفظوں کو بول چال سے باہر کر دیا گیا اور شہر کے چوراہوں پر سناٹا چھا گیا۔ ایک آدمی دوسرے کو شک کی نگاہوں سے دیکھنے لگا کہ یہ کوئی آئینہ تو لے کر نہیں گھوم رہا ہے، کوئی سیاہ تختی —— لوگ بہروپیے ہو گئے، سوانگ بھرنے لگے۔ چہرے پر مٹی پوت کر گھومنے لگے۔

اکھاڑے میں وہ شہری کھڑا رہا، چلاتا رہا، پکارتا رہا کہ میری شناخت کر دو۔ پھر میں زندہ رہنے کا کوئی کارن نہیں پوچھ رہا ہوں۔ میں ایک مرا ہوا شخص ہوں۔ سرکاری افسر کی مدد کر دو۔ پنچ نامہ تیار کر دو۔ دو گواہ صرف دو گواہ چاہئیں۔ میری خلاصی کرا دو۔ میں بنا شناخت کے نہیں جی سکتا۔ مجھے بنا شناخت کے مر جانے دو ——

کوئی شخص اس کے قریب نہیں آیا جیسے اسے چھوت کی بیماری ہو۔ دھیرے دھیرے ہجوم چھٹ گیا، سناٹا چھا گیا اور وہ اس اکھاڑے میں تنہا رہ گیا۔ سرکاری افسر نے اپنی کرسی اٹھائی اور چلتا بنا۔ شہری کچھ دور سرکاری افسر کے پیچھے دوڑا، اسے آوازیں دیں —— چیخا چلایا لیکن سرکاری افسر نے پلٹ کر بھی نہیں دیکھا۔

اب رات ہو چلی تھی۔ وہ بنا شناخت کی جی رہا تھا اور نہ ہی مُردہ قرار دیا گیا تھا۔ اس لیے نہ وہ اپنے گھر پر دستک دے سکتا تھا، نہ کسی رشتے دار کو تار بھیج سکتا، نہ کسی دوست کو چِھٹّی لکھ سکتا تھا۔ وہ ایک ذہنی اذیت میں مبتلا ترشانکو کی طرح دونوں دنیا سے باہر تھا۔ آخر تھک ہار کر وہ میونسپل گارڈن کی ایک بنچ پر بیٹھ گیا۔ ایک طرح کی بے حسی چھا گئی اس پر — دماغ ماؤف ہو گیا، جسم کا پور پور ٹھنڈا ہونے لگا۔ اس تھکن، کوفت، پریشانی اور بے چینی سے نڈھال ہو کر وہ نیم مُردہ، تنہائی کا کمبل اوڑھے گمنام کونے میں اپنی تاریک خیال بسائے میں محو ہو گیا۔ یہ خود فراموشی کی سرحد تھی، یہ آخری پڑاؤ تھا، راستہ زندگی سے کٹا ہوا تھا۔ وہ کچھ مطمئن سا ہو گیا۔ نہ ہاں، نہ ناں۔ نہ اقرار، نہ انکار، نہ وجود کی موجودگی، نہ عدم موجودگی — یہ ایک کیفیت ہے، نو مینز لینڈ NO MANS LAND ہے۔ آبادیوں سے دور، غیر آبادی ہے۔ اس نے اپنا جسم سمیٹا اور خود فراموشی کی سرحد پار کر گیا۔

دھیرے دھیرے پَو پھٹنے لگی۔ صبح کے کہرے میں اس کی آنکھ کھلی۔ اس نے دیکھا اس نئی آبادی میں بہت سے لوگ ہیں۔ اپنے اپنے دائرے میں چکر کاٹ رہے ہیں۔ اپنا اپنا نام پوچھ رہے ہیں، شناخت کھوج رہے ہیں۔ اپنے مردہ ہونے کا وہ اعلان کر چکے ہیں۔ ان کی بھی کاغذی کاروائی مکمل نہیں ہو سکی ہے، وہ بھی اذیت میں گرفتار ہیں، رو رو کر ہار چکے ہیں۔ یہ کون سی بستی اس نے بسائی ہے۔ وہ کہاں کا باسی ہے۔ یہ بے روح جسم کہاں گھوم رہے ہیں۔ ایک چیخ پیٹ سے اٹھتی ہے اور حلق تک پہنچنے سے پہلے ہی غائب ہو جاتی ہے۔ ہاتھ اٹھتا ہے اور خلا میں رہ جاتا ہے۔ لفظ بنتے ہیں اور معنی کھو دیتے ہیں۔ کوشش ہوتی ہے اور رائیگاں جاتی ہے۔ گرم ہوا سرسرا رہی ہے۔ نہ موت ہے نہ زندگی۔ نہ خواہش ہے، نہ خواہش سے انکار ہے۔ وہ بنچ پر کھڑا ہو گیا کسی نہنگ فقیر کی مانند جو منطق کھو چکا ہو۔ کسی پیغمبر کی طرح جس کی اُمت اسے چھوڑ چکی ہو۔ اس نے بولنے کی کوشش کی، ہونٹ ہلے، آواز لفظوں میں ڈھلی لیکن لفظ بے معنی ہو گئے۔ ہاؤ بھاؤ کسی کام نہ آئے — اشارے رائیگاں گئے اور ایک سنّاٹا، ایک خلا، ایک دائرہ پھیلتا گیا۔

سرکاری افسر چار آدمیوں کے ساتھ نمودار ہوا۔ اب دھوپ گہری ہو چکی تھی۔ گرمی سے ٹھنڈا پسینہ آ رہا تھا۔ بنا اُمید کے وہ اُمید باندھ رہا تھا۔ کسی چمتکار کا انتظار تھا، بنا یقین کے اصرار تھا، بنا آواز کے، بنا طاقت کے، بنا وشواس کے . . . اور سرکاری افسر اس سے مخاطب ہوا۔

. . . کہ اس شہر کے بدبخت شہری تیری شناخت ہو چکی ہے۔ یہ چار آدمی جو میرے ساتھ تشریف لائے ہیں، یہ یہاں کے معزز شہری ہیں، عہدے دار ہیں، سرکاری گواہ ہیں۔ یہ سرکاری مشین کے کل پُرزے ہیں اور سرکاری کاروائی ان کی بدولت چلتی ہے۔ یہ جو ڈیڑھ من فائلیں سرکاری جیپ میں لاد کر لائے ہیں، ان میں تمہارے کارنامے درج ہیں جن کی بنا پر تصدیق ہوتی ہے تمہارے وجود کی، جن کی وجہ سے تمہاری شناخت طے ہوتی ہے۔ جن کی روشنی میں تمہیں مَرا ہوا نہیں بلکہ زندہ قرار دیا جاتا ہے —!

اور چار سرکاری گواہوں نے اپنی اپنی فائلیں کھولیں اور طوطا رٹن کے ساتھ اس کے کارناموں کا لیکھا کرنے لگا۔

—— کہ تو مرادآباد میں تھا جب فساد دنگے ہوئے تھے۔
—— تو بہار شریف میں موجود تھا۔
—— تو بھاگل پور میں تھا جب قیدیوں کو اندھا کیا گیا تھا۔
—— تو اس واردات میں شامل تھا جب ایک عورت کا گینگ ریپ ہوا تھا۔
—— تو اس ڈیل (DEAL) میں شامل تھا جب ایک انڈسٹریلسٹ کو نیشنلائزڈ بینک نے پچاس لاکھ کا قرضہ دیا تھا۔ پھر اس فیکٹری کو سِک (SICK) فیکٹری قرار دیے جانے کا مشورہ دیا گیا تھا۔ اور پھر اس سِک فیکٹری کو چلانے کے لیے مزید پچیس لاکھ روپے دیے گئے، تاکہ انڈسٹریلسٹ اور اس کی سنتان، شان سے رہ سکیں، فلیٹ خرید سکیں، گاڑیاں لے سکیں، زنا کر سکیں۔

ایک کے بعد ایک فائیل گرتی رہی —— فائیلوں کے انبار لگ گئے۔ —— جب جرموں کی فہرست تقریباً مکمل ہو گئی تو شہری نے ہاتھ جوڑے، معزز سرکاری گواہوں کے پاؤں چھوئے، رندھیائے گلے سے، رقت طاری کر کے بولا کہ مجھے سرکار سے بس اتنی عرض گزارنی ہے کہ میں ان ہی جرموں میں ان ہی گناہوں کی پاداش میں اپنے آپ کو مُردہ قرار دے رہا ہوں۔ میں نے خود کو موت کی سزا دی ہے۔ اسی کارن میں نے اپنی شناخت کھو دی ہے۔ اس سے بڑی سزا کوئی سرکار کسی شہری کو نہیں دے سکتی۔ اس لیے دست بستہ عرض ہے کہ سرکاری گواہ حاضر ہے، پنچ نامہ حاضر ہے، دستخط کرنے کی دیر ہے۔ مجھے مردہ قرار دیا جائے اور میری جان اس جان سے چھوٹ جائے۔

سرکاری افسر نے سرے سے انکار کر دیا کہ وہ مر چکا ہے —— وہ کاغذی کارروائی بڑھاتے ہوئے بولا "تم مجرم ہو، تم پر مقدمہ چلایا جائے گا —— اس سے پہلے تمہیں پولیس لاک اپ میں رکھا جائے گا، پھر مقدمہ، مقدمے کے بعد سزا یہ کارروائی ہے —— اس میں کوئی ہیر پھیر نہیں ہو سکتا، تم مردہ قطعی نہیں، زندہ ہو اور ایسے شہریوں کی سرکار کو بہت تلاش ہے، سرکاری کارروائی چلانے کے لیے ضرورت، الیکشن کے لیے ضرورت ہے —— اس طرح کے نیم مُردہ، نیم زندہ شہریوں کے سہارے ہی الیکشن جیتا جا سکتا ہے۔ ایسے شہری ہماری سرکار کی بنیاد ہیں۔

آگے آگے سرکاری افسر چل رہا تھا —— دُور سرکاری جیپ کھڑی تھی، بیچ میں شہری اور ان کے پیچھے سرکاری گواہ جُرم کی فائلیں اُٹھائے جا رہے تھے —— سب کو کاغذی کارروائی پوری کرنی تھی —— شہری چیخنا چاہتا تھا کہ اسے مرے ہوئے ایک ہفتہ ہو چکا ہے لیکن الفاظ کے معنی کھو چکے تھے۔

رام لیلا کا رام

رام کی جھانکی نکلی تو وہ بھی درشن کرنے لوگوں کے ساتھ سڑک پر نکل آئی —— رام کا رتھ پوری پرمپرا کے ساتھ سجایا گیا تھا۔ گھوڑوں کے گلے میں نقلی چاندی کے ہار تھے اور رام، لکشمن اور سیتا کے ساتھ پشپ ہار پہنے ایودھیا کو لوٹ رہے تھے۔ رام کے چہرے پر بہت آبھا تھی —— بڑی بڑی کومل آنکھیں —— ٹھہری ہوئی جھیلیں۔ کمل نین —— ہونٹوں پر مسکراہٹ کی ایک کرن۔ لمبی آریائی ناک۔ کیش پیچھے کو بندھے ہوئے۔ اپنی پرجا کو درشن دیتے ہوئے وہ رتھ میں آگے بڑھ رہے تھے۔ ہر سال کی طرح یہ بستی اجودھیا نگری بنی ہوئی تھی اور اس کے باسی اپنے پیارے رام کے درشن کے لیے کام کاج چھوڑ کر، دونوں طرف قطار میں کھڑے تھے۔ بہت سی عورتیں پھول برسا رہی تھیں، بہت سی ناریاں اپنی آستھا لیے اُن کے چرن چھو رہی تھیں۔ ایک بوڑھی عورت تو بالکل گدگد ہو کر، اُن کے پاؤں پر جھک گئی۔ اس کی آنکھوں میں اشرو دھارا پھوٹ پڑی جیسے وہ ساکشات رام کے درشن کر کے اس مرتیو لوک سے باہر ہو چکی ہو۔ ایسا سماں بندھا تھا، وشواس کی گنگا بہہ رہی تھی، آکاش نعروں سے گونج رہا تھا۔۔۔ "سیا رام کی جے"۔۔۔ لوگ مگن دکھتے، اپنے رام کے درشن پا کر —— اور اس

وا تاورن میں کھو کر پشپا بھی آگے بڑھ گئی، اور اُس نے رام کے چرن چھو لیے ——— ایک پل کے لیے وہ بھول گئی تھی کہ وہ آدمی جو رام کی بھومیکا کر رہا ہے، اُس کا پتی ہے۔ اور اُس ان ہونی گھٹنا کو، چونک کر، اُس کے پتی نے بھی دیکھ لیا۔ دونوں کی آنکھیں ملیں۔ جو گھٹنا تھا، دونوں اُس سے گھبرا گئے۔ اس گھٹنا کے پیچھے کتنی گھٹنائیں ہیں، اُس چھوٹی سی بات کے پیچھے، جو پشپا سے ان جانے میں ہو گئی تھی، کتنی انوبھوتیاں ہیں، کتنے سلسلے ہیں، کتنی کڑیاں ہیں ——— دونوں کو محسوس ہوا کہ کہیں کوئی شاخ ٹوٹ گئی ہے، کہیں کوئی پھانس اٹک گئی ہے۔

پشپا کو پانے کے لیے، جگدیش نے شِو کی کمان، راجہ جنک کے دربار میں نہیں توڑی تھی۔ لیکن زندگی کے رَن میں جو اُسے سنگھرش کرنا پڑا، لڑائی لڑنی پڑی، زندگی سے لوہا لینا پڑا، اگر خود رام دیکھتے تو وہ اس سوئمبر کے لیے تیار نہ ہوتے۔ اس زندگی میں جینے کے لیے کتنا مرنا پڑتا ہے، کتنا جھیلنا پڑتا ہے، آج کوئی دیوتا اُس کا اندازہ نہیں کر سکتا ——— یہ انسان کا مقدر ہے کہ اسے بھگتے، یہ کسی دیوتا کے بس میں نہیں۔

"وبھاجن" کے بعد کے یہ دن تھے۔ جگدیش اپنی ماں اور دو بہنوں کے ساتھ رفیوجی کیمپ کے ایک بیرک میں رہتا تھا۔ باپ پرلوک سدھار چکا تھا، گھر میں وہی ایک مرد تھا۔ ماں کو بہت چاہتا تھا۔ ماں ہی زندگی کا کیندر بن گئی تھی اُس کے لیے۔ جگدیش کا جسم گٹھیلا تھا، قد چھ فٹ اونچا ——— ماں اُس کو اپنے سامنے بٹھا کر، اُس چاؤ سے اُسے کھانا کھلاتی، جیسے وہ اپنے پتی کو کھلایا کرتی تھی۔ اپنی بیٹیوں سے بچا کر، اپنے پیٹ میں نہ ڈال کر، خود اکثر بھوکا رہ کر، اُس کو ایک آدھ پیالہ دودھ پلا دیتی، ایک آدھ کٹورا دہی بنا دیتی۔ اور جگدیش جتنا ماں کو پیار کرتا تھا اتنا ہی اُس سے ڈرتا بھی تھا۔ اس وقت اُس کا چھ فٹ کا شریر اُس کا ساتھ نہ دیتا۔ گٹھیلا شریر دبک کر بہت چھوٹا ہو جاتا تھا۔ ایک بار وہ کہیں سے دارو پی کر بیرک میں چلا آیا تھا تو اُس کی ماں نے ڈنڈے سے مار مار کر اُس کا شریر لہولہان کر دیا، اُس کی دارو اتار دی تھی ——— سارے گلی محلے نے دیکھا تھا کہ وہ رو رہا ہے، گڑگڑا رہا ہے، مار کھا رہا ہے۔ ماں نے اُسے اتنا مارا تھا کہ دس دن خود اپنے ہاتھوں سے ہلدی گرم کر کے اُس کے بدن پر لگاتی رہی تھی، زخم سینکتی رہی تھی ——— جگدیش نے اُس کے بعد دارو کو ہاتھ نہیں لگایا تھا۔

جگدیش کسی سرکش گھوڑے کی طرح ماں کا کام کرتا تھا۔ کالج سے لوٹتا تو دس دس، پندرہ پندرہ روپے کی ٹیوشن دے کر، پریوار کے لیے اناج لاتا، اپنی دو بہنوں کا اسکول کا خرچ مہیا کرتا۔ کچھ ہی دنوں بعد، اُس کی ماں کے دُور کے کسی بھائی کی سفارش پر وہ ایک بینک میں نوکر ہو گیا۔ اب وہ پرائیویٹ کالج میں جانے لگا ——— دن میں نوکری کرتا، رات میں پڑھتا، پھر کالج کے امتحان سر پر آ جاتے تو ان کی تیاری کرتا۔

ایک دن اُس کی ماں ہمیشہ کی طرح چوکے میں بٹھا کر اُسے کھلا رہی تھی، ایک بہن اُسے پنکھا جھل رہی تھی۔ ماں اُسے نہارتے نہارتے، بے اختیار رو پڑی۔ جگدیش نے ہاتھ روک لیا۔ اُس سے رونے کی وجہ پوچھنے لگا... اُس کے پوچھنے پر ماں دھاڑیں مار کر، واویلا مچا کر رونے لگی، کسی شرم، کسی لحاظ کے بغیر رونے لگی، چھاتی پیٹنے لگی —— جگدیش پوچھتا اور وہ روتی۔ جگدیش نے کھانے کی پلیٹ اُٹھا کر توڑ دی، مٹی کا گھڑا پھوڑ دیا اور اپنا سر دیوار سے مارنے لگا —— بھیڑ جمع ہو گئی تب اس کی ماں ہچکیاں بھرتے ہوئے بولی... "میرے بیٹے کا سونے جیسا شریر مٹی ہو گیا ہے۔ ہائے جسے میں نے اتنے چاؤ سے، اپنا ہڈی ماس کاٹ کے، ایک راجکمار بنایا تھا، دنیا نے اس کی شکل بگاڑ دی ہے۔"

اُس دن کے بعد، جگدیش اپنے بارے میں سوچنے لگا۔ اُس گھڑی کے بعد، اُسے اپنے وجود کا خیال آیا —— ماں کے رونے کے بعد وہ بہت رویا۔ ماں کے اُس واکیہ پر غور کرتا رہا۔ اُس کے خون میں، لہو کی ایک ایک بوند میں وہ فقرہ دوڑتا رہا، چنگھاڑتا رہا، چلاتا رہا۔ اُس کے ایک فقرے نے اُس کی زندگی بدل دی۔ خود ماں سے اُس فقرے کے کارن اُس نے رشتہ توڑ لیا۔ اب وہ لاڈ سے ماں کی گود میں سر نہیں رکھتا تھا۔ اب وہ ہنس کر ماں کو گلے نہیں لگاتا تھا، اب وہ ماں سے ہنسی مذاق نہیں کرتا تھا۔ اُس نے اپنے چہرے کو آئینے میں دیکھا، وہ اُس چہرے سے مانوس ہونے کی کوشش کرنے لگا۔ یہ اجنبی چہرہ جو اُس کے کندھے پر رکھ دیا گیا تھا، اُس کے بدلتے ہوئے نقش و نگار دیکھتا رہا، کنپٹیوں پر آئے ہوئے سفید بال گنتا رہا، آنکھوں کے نیچے کالی کالی لکیروں کو گھورتا رہا۔ اُسے اپنے آپ سے نفرت ہو گئی، کام سے نفرت ہو گئی، کام کے اُس چکر سے نفرت ہو گئی۔ سورج سے نفرت ہو گئی جو روز اُس کے سرہانے آ کر کھڑا ہو جاتا ہے، اُسے جگاتا ہے۔ رات سے نفرت ہو گئی، جس نے اُسے تنہائی بخشی ہے، اُس کی نیند چھین لی ہے، دن سے نفرت ہو گئی جو روز نئے نئے تقاضے لے کر آتا ہے، اُسے نئے سمجھوتوں پر مجبور کرتا ہے —— تب اُس کی زندگی میں پُشپا داخل ہوئی۔

پُشپا کھاتے پیتے گھر میں پلی تھی۔ رفیوجی تو وہ بھی تھی لیکن اُس کے ماں باپ زیور پیسہ لائے تھے۔ اُن دنوں "ور" کا ملنا کٹھن تھا، کوئی آدمی بوجھ لینے پر تیار نہیں تھا، نفسا نفسی کا عالم تھا۔ لیکن پُشپا خوبصورت تھی، ہنس مکھ تھی، کام کاج میں ہوشیار، سہیلیوں میں راج ہنس کی طرح چلتی، گلی محلے میں ہرن کی طرح بھاگتی۔ اُس کے گھر والوں نے کافی جہیز پیسہ دے کر، ایک چھوٹا سا فلیٹ دلا کر پُشپا کو بیاہ دیا۔ پُشپا کو دیکھ کر، اُس سے وِواہ کر کے، جگدیش کو احساس ہوا کہ اُسے زندگی گزارنے کا ایک بہانہ مل گیا ہے، جینے کا ایک کارن پیدا ہو گیا ہے۔ شاید اسی سہارے وہ اپنی بے مطلب زندگی کاٹ سکے گا۔ وہ پُشپا پر موہت ہو گیا تھا۔ اُس نے طے کر لیا کہ وہ اُسے خوش رکھے گا چاہے اُس کے لیے اُسے شوبھی کی کمان کا چلّہ ہی کیوں نہ چڑھانا پڑے۔

اب وہ بنک کے ڈپارٹمنٹل امتحانوں میں مصروف ہو گیا۔ ایک کے بعد ایک منزل سر کرتا گیا۔ دنوں میں

دفتر کا کام، رات کو امتحانوں کے لیے بتی جلا کر پڑھنا ——— اب اس کی کنپٹیوں کے بال بالکل سفید ہو گئے تھے۔ آنکھوں کے نیچے حلقے اور گہرے اور بڑے ہو گئے تھے۔

اسے کو پتہ نہ چلا کر دھیرے دھیرے زندگی میں دھند چھانے لگی ہے۔ آدمی ٹھیک سے پہچانا نہیں جاتا ——— کسی بات کا کچھ مطلب نہیں ہوتا، مطلب ہوتا ہے تو وہ بے معنی ہوتا ہے۔ چیزیں بکھرتی جارہی ہیں، تعلق ٹوٹتا جا رہا ہے، ذہن میں کچھ ریشمی دھاگے ہیں، ٹوٹ رہے ہیں لیکن ان کے ٹوٹنے کی آوازیں آرہی ہیں جیسے بم پھوٹ رہے ہوں ——— یہ کیا بات ہے کہ جس کرسی پر وہ بیٹھا ہے، اس کا اس سے کوئی سمبندھ نہیں۔ آئینے میں جس شکل کو وہ دیکھ رہا ہے، وہ اس کی نہیں۔ آخر یہ دن رات کی محنت کس لیے کی اس نے؟ ——— اپنی ایک بہن کی شادی، پھر دوسری کی ——— اور اس طرح نٹ کی طرح مداری کی رسّی پر چل کر۔ وہ چکرا گیا۔ پشپا کو خوش رکھنے کی جگہ، وہ اس کے اور اپنے بیچ ایک دراڑ پیدا کر بیٹھا، ایک اَن پاٹ خلیج ——— اور جس دن وہ ڈپارٹمنٹ کا انچارج بنایا گیا، اسے کام سے ورکتی ہو گئی، تو وہ زندگی سے بیراگ ہو گیا۔

پھر اس نے رام کی بھومیکا ادا کی۔ کنپٹیوں کو کالا کیا گیا۔ آنکھوں میں کاجل لگا کر انھیں بڑا کیا گیا، ہونٹوں پر ہلکی سی سُرخی ——— اور جب وہ کمان لے کر رتھ پر بیٹھا تو بستی والوں کو لگا کہ خود رام ساکھشات روپ میں پرگٹ ہوئے ہیں۔ آنکھوں میں بیراگ تو پہلے سے چھایا تھا؛ زندگی سے ورکتی تو پہلے سے ہو گئی تھی، آدھے چاند کی مسکراہٹ خود بخود کسی تتلی کی طرح اس کے ہونٹوں پر بیٹھ گئی تھی۔ اب رام کی تصویر میں رنگ بھرا جا چکا تھا ——— اب جگدیش نے باہری دنیا سے ناتہ توڑ کر، اندرونی زندگی سے سمبندھ جوڑ لیا تھا ——— حقیقی زندگی سے الگ کر بناوٹی زندگی کو اپنا لیا تھا۔ ناٹک کی جادو بھری دنیا اس کے لیے زیادہ معنی رکھتی تھی۔

ہر سال رام کی جھانکی نکلتی۔ ہر سال بھیڑ اس کے پاؤں چھوتی۔ ہر سال آکاش گونجتا۔ اب جگدیش سڑک پر چلتا تو اس کی نظر لوگوں کے چہروں سے باہر نکل جاتی۔ کئی بار عادتاً لوگ نمسکار کرنے اٹھ جاتے۔ بوڑھی عورتیں تو گدگد ہو کر اس کو ملتیں اور آشیرواد بھی دیتیں۔ جگدیش نے اپنے چہرے کے گرد ایک ہالہ بنا لیا تھا جسے اب کوئی نہیں توڑ سکتا تھا۔

جب وہ میک اپ اتار کر، کاجل پونچھ کر، منہ دھو کر، اپنے کپڑے پہن کر گھر پہنچا تو حیران رہ گیا کہ گھر کا دروازہ کھلا ہے اور اس کی ماں کوشلیا کی طرح پرتھوی پر پچھاڑ کھا کر رو رہی ہے، چلا رہی ہے۔
"رام تیری سیتا کا ہرن ہو گیا ہے، کوئی راون اسے اٹھا کر لے گیا ہے۔"

لوگوں کی آنکھوں میں اشرو دھارا تھی۔ گلی محلے سنسان تھے۔ مائیں گھروں سے باہر آگئی تھیں۔

بوڑھی عورتیں اُسے ایسے دیکھ رہی تھیں جیسے اُن کا رام بن باس پر جا رہا ہے۔ اور وہ تو کب سے بستی میں رہ کر بن باس کاٹ رہا تھا۔

وہ رام نہیں تھا۔
اُس کی پتنی سیتا نہیں تھی۔
وہ آدمی راون نہیں تھا۔

اور اُس کے سامنے کوئی لنکا نہیں تھی جسے وہ جیت سکے ——— صِرف بے معنی، بے مطلب کی زندگی تھی جس کا انت نہیں تھا۔

بدلتا ہوا چہرہ

وہ سوکر اٹھا ہے یا کچھ وقت کے لیے بے ہوش رہا ہے۔ وہ کافی دیر فیصلہ نہ کر سکا۔ یہ جگہ کون سی ہے؟ یہ بستر جہاں وہ کروٹیں لیتا رہا ہے —— پہچاننے میں اسے دشواری ہو رہی تھی۔ بستی دارو تیزاب کی طرح اس کی رگوں میں اب بھی موجود تھی۔ اس کی نظر اپنے ہاتھ پاؤں اور بدن پر گئی تو کپڑے دھوئیں سے کالے نظر آئے۔ اس کے گھر کے پچھواڑے کھاڑی تھی۔ یہاں دارو بیچنے والے رات کو دارو کی بھٹی چڑھاتے تھے اور دارو بنانے کے لیے ٹائر جلاتے تھے کیونکہ ٹائر لکڑی سے سستے پڑتے تھے۔ بستی اس بھاری دھوئیں سے بوجھل رہتی۔ دھواں بھاری جلے ہوئے ٹائر کے ذروں کے ساتھ ہوا کی لہروں میں اڑتا نہ تھا، بلکہ گدلے پانی کی طرح فضا میں بہتا تھا۔ آسمان کی طرح بستی پر چھایا رہتا۔ دھیرے دھیرے کسی آفت کی طرح نیچے اترتا —— ایک بار بستی کے کچھ آدمی مل کر دادا کے پاس گئے تھے۔ عرض گزاری تھی۔ اپنے چھوٹے چھوٹے معصوم بچوں کا واسطہ دیا تھا جو سکولوں میں پڑھنے جاتے تھے اور کچھ مہینے ٹائر جلنے بند ہو گئے تھے۔ اب پھر سے دھواں شروع ہو گیا تھا۔ سب جانتے تھے۔ پولیس سے شکایت کرنے کا کوئی فائدہ نہیں۔ دادا اس علاقے کا بے تاج بادشاہ تھا۔ اس چھوٹی سی بات کے لیے کسی کا خون بھی ہو سکتا تھا۔

اس نے اپنی بیوی کی کچھ خلط ملط آوازیں سُنیں۔ وہ اپنی جگہ سے ہلا۔ دھیرے دھیرے اسے احساس ہوا کہ وہ اپنے گھر میں ہے، بستر پر پڑا جان ہے۔ کیونکہ یہ آواز صرف اس کی بیوی کی ہو سکتی ہے، جس میں ان گنت چیخیں شامل رہتی ہیں ——— دھیرے دھیرے سورج بھی بھالا لے کر اس کی طرف بڑھا، اس کی آنکھیں روشنی سے چندھیا گئیں۔ اور وہ سوچنے لگا شاید صبح ہو چکی ہے۔ دن چڑھ آیا ہے، عادت کے مطابق اُسے اٹھنا ہوگا۔ وہ اُٹھا اور رُک گیا۔ باتھ روم میں آئینہ تھا۔ اب اسے خیال گزرا کہ کپڑوں کی طرح اس کا منہ بھی دھوئیں سے کالا ہوگا۔ کسی بھوت کی طرح وہ اپنے کندھے پر کوئی دوسرا چہرہ اُٹھائے ہوگا۔ پھر اسے اپنی بیوی کی بات یاد آئی:

"روز تم شہر جا کر اپنی ذات کا کچھ حصہ کھوتے ہو، اور روز تمھارا چہرہ بدلتا ہے۔ وہ شوہر جو ناشتہ کر کے آفس جاتا ہے اور شام کو واپس نہیں آتا ایک اجنبی واپس آتا ہے۔ ایک اجنبی کے ساتھ میں کیسے زندگی گزار سکتی ہوں ——— اس چار دیواری میں کیسے رہ سکتی ہوں، جب کہ وہ اجنبی یہیں کہیں سانس لے رہا ہے" ———

ایک بار اس نے رنجش دُور کرنے کے لیے اسے چھُونے کی کوشش کی تھی اس نے سوچا تھا کہ شاید جو چہرہ وہ صبح لے کر گیا تھا اور جو دن بھر کے غبار میں اس سے کھو چکا ہے، تھوڑی دیر کے لیے واپس اس کے کندھے پر آ لگے۔ لیکن اس کے چھوتے ہی اس کی بیوی نے ایک حیوانی چیخ ماری:

"بچاؤ، بچاؤ۔ کوئی مجھے اس زنا بالجبر سے بچاؤ ———"

پڑوسی اس کا دروازہ ٹھوکنے لگے۔ اور وہ حیرانی سے اس عورت کو دیکھتا رہا جو اس کی بیوی تھی اور وہ چہرہ جو شام کو وہ گھر لے کر آیا تھا، وہ بھی اس کے پاس نہ تھا ——— وہ کچھ اور بدل گیا تھا جس کو دیکھ کر اس کی بیوی نے ایک اور وحشی چیخ ماری تھی۔ اور اس دن کے بعد، اس نے اپنا بستر بالکنی میں، باہر لگا دیا تھا۔ جس کے پچھواڑے کھاڑی تھی، جہاں ٹائر جلا کر دارو بنتی تھی اور جہاں کا لوکل دادا بے تاج بادشاہ تھا۔

اور وہ وہیں کھڑا رہا ——— آئینہ چار ہاتھ دور دیوار کے ساتھ ٹنگا تھا۔ آئینہ خود بھی کچھ کالا ہو گیا تھا۔ وہ آگے بڑھنے سے ڈرتا تھا ——— پتہ نہیں کون سا چہرہ اسے آئینے میں گھورے؟ پتہ نہیں ایک رات میں وہ کتنا بدل گیا ہو؟ وہ خود بھی بدلتے ہوئے چہرے کو برداشت کر سکے گا یا نہیں؟ وہ دیر تک وہیں جھولتا رہا، سوچتا رہا۔ پھر خوف زدہ ہو کر وہ باہر نکل آیا۔

"کون دیکھے گا اپنا چہرہ!"

دوپہر ہو چلی تھی ——— وہ ایک کھُلے سے میدان میں پڑا تھا۔ اب اس کی آنکھ کھُلی تھی۔ گہری نیند کی تھی۔ بہت دنوں بعد وہ اس بے خبری کی حالت میں سویا تھا۔ اس نے آنکھیں کھولنے کی کوشش کی، دھوپ، سفید چادر کی طرح چاروں طرف پھیلی ہوئی تھی۔ ایک چیل اکیلی تنہا، اس کے اوپر منڈلا رہی تھی۔ شاید اسے

مردہ سمجھ کر بار بار اس کے جسم کی طرف آتی۔ ایک ہلکی سی مسکراہٹ نے اس کے ذہن میں جنم لیا۔ اور اسے خیال گزرا کہ ابھی وہ زندہ ہے۔ اس چیل نے اگر اس پر جھپٹا مارا تو وہ اپنا بچاؤ کر سکتا ہے۔ اب وہ مسکرا پڑا۔ بے چاری چیل کو مایوسی ہوگی۔ اور اس نے سیدھے چیل کی طرف دیکھا، اور مخاطب ہوا:

"پھر کبھی، پھر کبھی —— بہت دن نہیں ہیں۔ زندگی جس چال سے چل رہی ہے تمھیں مایوسی نہیں ہوگی —— بہت جلد میں اپنے اس ڈھیلے ڈھالے، بے قابو، بو مارتے ہوئے جسم کو چھوڑ دوں گا۔ لیکن میرا جسم تمھاری قسمت میں ہے کیا —— ؟ یہ تو وعدہ کر سکتا ہوں، بہت دنوں تک نہیں جیوں گا۔ یہ وعدہ نہیں کر سکتا کہ تمھارے کام آؤں گا۔ لیکن تمھیں بے فکر ہونا چاہیے حالات ایسے ہیں جو تمھارے لیے سازگار ہیں۔ آدمی نہیں چلتے، مردے چلتے ہیں اس بستی میں —— وقت نہیں لگے گا، یہ بستی انسانوں کی نہیں رہے گی۔ چیل، گدھوں، کوّوں اور جنگلی جانوروں کی آماجگاہ میں بدل جائے گی۔"

اس نے چاروں طرف دیکھا کہ اس کی یہ باتیں، زور زور سے کہی ہوئی یہ باتیں کوئی سن تو نہیں رہا ہے۔ اس نے خیر منائی کہ دور دور تک کوئی نہیں ہے۔ دو بج کر اس منٹ، وہ بالکل بیچ میدان میں اکیلا پڑا ہوا ہے۔ پھر اسے چائے کی طلب ہوئی، سگریٹ کی طلب ہوئی، کچھ کھانے کی خواہش جاگی —— وہ اٹھا اور بستی کی طرف آہستہ آہستہ چل پڑا۔ وہ سوچنے لگا کہ اس کا چہرہ کیسے بدل گیا ہے۔ وہ چہرہ جو بچپن میں، اس کی ماں نے، اس کے باپ نے اس کے کندھے پر رکھا تھا، وہ کہاں گیا۔ وہ چہرہ جو اس کے بہن بھائیوں نے دیکھا تھا، دوستوں یاروں نے دیکھا تھا، وہ کہاں کھو گیا ہے۔ کچھ ایسا طوفان نہیں چلا، قحط نہیں پڑا، انقلاب نہیں آیا —— رفتہ رفتہ، دھیرے دھیرے، چھوٹی چھوٹی باتوں سے اس کے چہرے پر دھوئیں کی ایک تہہ سی جم گئی ہے، وہ جھلس گیا ہے، لیکن کیسے ہوا —— کوئی خاص بات یاد کرنے پر اسے یاد نہیں آئی۔ کوئی بڑا واقعہ اس کی معمولی زندگی میں ہو نہیں سکتا۔ ایسی ہی بے ربط چھوٹی چھوٹی گھٹنائیں، ایسے ہی بولے ہوئے، اچارن کیے ہوئے، کچھ فقرے جو اس کے بارے میں بولے گئے ہیں، اسے سنائے گئے ہیں، چوہوں کی طرح کام کرتے رہے ہیں، کترتے رہے ہیں اس کی شخصیت کو —— کسی سپاہی کی پرانی وردی سمجھ کر، ٹکڑے ٹکڑے، چیتھڑے چیتھڑے ہو گئی اس کی زندگی؛ پیوند لگ گئے ہیں اس کی ذات میں۔ اس کی بیوی نے چلّا کر کہا تھا، جیسے گوبر پھینکا ہو اس کے چہرے پر۔

"پیسے کیوں نہیں دیتے۔ اتنے کم پیسوں میں گرہستی نہیں چل سکتی —— بیوی ہوں تمھاری کہ رکھیل ہوں ——"

اور روز اپنی بیوی کی طرف دیکھتا تھا اور سوچتا تھا کہ وہ بیوی ہے یا اس کی رکھیل ہے۔ اس کے چہرے پر گوبر لوپٹ گیا تھا۔ دفتر میں بھی ایسی باتیں ہوتی رہیں۔

کام میں دھیان نہیں تمہارا۔
غلطی پہ غلطی کرتے ہو۔

ملیالم کا یہ لفظ جو کاپی رائٹر نے لکھا ہے، اس کا مطلب گندہ ہے۔ کلائنٹ نے بڑا سخت لیٹر لکھا ہے۔ ہزاروں روپیوں کا نقصان اور اکاؤنٹ ایگزیکیٹو کی پوزیشن الگ خراب ---

چبھے سپاہی کی پرانی وردی کتر رہے ہیں۔ دارو تیزاب کی طرح رگوں کو کاٹ رہی ہے۔ سینے میں دھواں جمع ہو گیا ہے۔ وہ بھیڑ میں شامل ہوتا ہے۔ سیکڑوں ہزاروں آدمیوں میں ——— تاکہ وہ فقرے بھول جائیں تکلیف بھول جائے ——— کون جیسے یہ زندگی کس لیے جیے ———

پھر ایک اور شام آئی، کئی اور شاموں کی طرح۔ بوجھ لے کر، اداسی لے کر، ٹھہری ٹھہری ہوئی شام، کسی بنیے کی طرح اپنا حصہ مانگتے، زمین سے آسمان تک پھیلی ہوئی، ایک سرے سے دوسرے سرے تک بکھری ہوئی۔ - بچنا مشکل تھا۔ درد کی طرح اتر رہی تھی، رگ رگ ریشے ریشے میں سما رہی تھی۔ سینہ پگھلا ہوا سیسہ اتار رہی تھی۔ سامنے آفس تھا، پیچھے گھر تھا۔ اور وہ کسی اجنبی کی طرح، کسی مجرم گنہگار کی طرح، کسی چور کی طرح اپنے ہی گھر میں گھستا تھا۔ رات بسر کرنے۔

اس ٹھہرے ٹھہرے ہوئے وقت میں اس نے سستی شراب کا سہارا لیا۔ اسی طرح، عادت کی طرح۔ مرنے کی کوشش میں ہمیشہ کی طرح وہ زندہ رہتا۔ زندگی گزارتا مرنے کی کوشش میں۔ وہ یہ دریا پار کرنا چاہتا تھا۔ تھوڑی دیر کے لیے کوئی حرکت، کوئی آواز، کوئی خیال، یا نیم بے ہوشی ہی سہی۔ ماس آئے نہ آئے۔ اور یہ گھڑی ٹل جائے۔

اب وہ بے گھر آدمی اپنی رگوں میں تیزاب کی تلخی لیے گھر کی طرف لوٹ رہا تھا۔ وہ ایک عام، بے نام، بنا شناخت آدمی کی طرح بس کی لائنوں میں کھڑا تھا۔ جب اس کی باری آئی تو ایک آدمی پیچھے سے آکر اس سے پہلے بس میں چڑھنے کی کوشش کرنے لگا۔ اس نے اس آدمی کو، کپڑا پکڑ کر کھینچا۔ اس آدمی نے پلٹ کر ایک گھونسہ اس کے جبڑوں پر جڑ دیا ——— دیکھتے دیکھتے اس کی ناک، اس کے منہ سے خون بہنے لگا۔ اس کا بدلا ہوا چہرہ اور مکروہ ہو گیا۔ اور وہ اس آدمی سے مخاطب ہوا، بالکل ایسے ہی جیسے دوپہر میں چیل سے مخاطب تھا ——— لڑکھڑاتے ہوئے، آواز اونچی کر کے، کسی مست فقیر کی طرح چلا رہا تھا۔

آدمی کو بے نام کر دیا ہے تم نے۔ بدشکل۔ روز اس کے چہرے سے کچھ چرا لیتے ہو،
اس کی ذات سے کچھ چھین لیتے ہو۔ نام لیتے ہو، نمبر دے دیتے ہو، ذات پوچھتے ہو اور بنا شناخت ہونے کا اعلان کرتے ہو، خریدتے ہو، بیچتے ہو، آدمی کو، آدمیت کو، انسانیت کو ——— کیسی بستی بسائی ہے تم نے۔ کوئی ہے جو مجھے میرا نام واپس دے دے۔ اس کو حیرانی ہوئی کہ جس نے اس کے جبڑے پر گھونسہ مارا تھا، وہ پولیس انسپکٹر کی وردی پہنے ہوئے تھا۔ اس انسپکٹر نے اسے لائن توڑنے، دارو پینے، دھاندلی کرنے کے جرم میں گرفتار کر کے لاک اپ میں ڈال دیا ہے۔ ——— صبح اسے اٹھایا گیا، جگایا گیا، اور وہ ہمیشہ کی طرح طے نہ کر سکا کہ وہ سویا تھا، نیند کی تھی، یا کچھ دیر کے لیے بے ہوش رہا ہے۔ وہ کہاں سویا تھا۔ وہ پہچان نہیں سکا ——— رہی سہی شناخت جاتی رہی۔ اور وہ قید مکاں سے آزاد خلا میں گھومتا

رہا۔ لاری میں اسے کسی سامان کی طرح لاد اگیا ــــ ۔ ۔ ۔ وہ چاروں اور تک رہا تھا۔ گھور رہا تھا۔ پہچاننے کی کوشش میں تھا، اور ہر کوشش میں ناکام تھا۔ اس نے اپنے چہرے کو چھوا ــــــ اس کے چہرے پر خون جما ہوا تھا۔ ایک ٹیس کا احساس ہوا۔ وہ یاد کرنے لگا کہ اسے چوٹ کہاں لگی ہے۔ زخمی تو ہوتا رہا ہے، زندگی بھر۔ کبھی اندر کی چوٹ، کبھی باہر کی ــــــ کبھی زخم نظر آیا، کبھی نظر بھی نہیں آیا۔ مارنے والے کی شکل کبھی یاد۔ کبھی یاد بھی نہیں تھی۔ کچھ نہیں۔ چھوٹے چھوٹے واقعات، بے ربط، بکھری ہوئی گھٹنائیں، فقرے بولے ہوئے ــــــ اچارن کیے ہوئے جو اس کے جسم پر برستے رہے اور اس کی ذات کو بے نام۔ بنا شناخت کا بنا دیا۔

ایک آواز آئی۔

جرم قبول ۔ ۔ ــــ؟

کون سا جرم ــــــ زندہ رہنے کا، پیدا ہونے کا، یا یہاں آنے کا

اس نے اوپر نظر اٹھائی اور بولنے والے کی طرف دیکھنے لگا۔ اس کی حیرت کا ٹھکانا نہ تھا۔ یہ تو وہی آدمی تھا جس نے اس کے جبڑے پر گھونسہ مارا تھا۔ پھر انسپکٹر کی وردی پہن کر اسے گرفتار کیا تھا۔ اور اب جج بن کر سزا بھی وہ دے رہا ہے۔

۱۵ روپے جرمانہ ــــــ جُرم قبول ۔ ــ ــ ــ؟

اس نے کچھ بولنے کی کوشش کی

۲۵ روپے جرمانہ ــــــ جرم قبول ــــــ؟

اس نے ہاتھ اوپر اٹھائے ــــــ

۵۰ روپے جرمانہ ــــــ جرم قبول ــ ــ ــ ــ؟

اس نے مجرم کی طرح ہاتھ نیچے گرا دیے ــ ــ ۔ ــ پچاس روپے وصول کرکے اُسے باہر سڑک پر دھکیل دیا گیا۔ اب اس کا چہرہ بالکل بدل چکا تھا۔

جب وہ گھر میں داخل ہوا تو اس کی بیوی کی چیخ نکل گئی ــ

"کوئی میرے گھر میں گھس آیا ہے" ــــــ

لوگ دروازے پر دستک دے رہے تھے۔

اور کچھ ہی دنوں میں اس کی بیوی اسے چھوڑ کر ماں باپ کے گھر چلی گئی۔

صبح اٹھ کر جب وہ باتھ روم کی طرف جانے لگا تو خوفزدہ ہوگیا۔ راستے میں کالا سا آئینہ پڑتا تھا۔ اس کا چہرہ کتنا بدلا ہوا ہے۔ یہ جاننے کی اس میں ہمت نہ تھی۔

اور ٹائر کے ذرے ہوا کے ساتھ، اوپر سے گرتے رہے، گرتے رہے ــــــ

اُداسی

آج پھر مَیں نے اخبار چھان مارا ہے اَور آج بھی جہیت کی خبر نہیں چھپی۔ مَیں پچھلے کئی دِنوں بلکہ مہینوں سے اخبار دیکھ رہا ہُوں اَور BURNING BRIDES. کی ساری خبریں پڑھ رہا ہوں۔

دلی، احمد آباد، بمبئی، کلکتہ، بھیونڈی میں جہاں جہاں دلھنوں کو مارا گیا ہے، تیل چھڑک کر جلایا گیا ہے، مَیں نے سب خبریں کاٹ کر جمع کرلی ہیں۔

روز ایک ایک کترن کو دیکھتا ہُوں، چھُوتا ہُوں، پڑھتا ہُوں۔

ہر کترن کو کئی بار پڑھ چکا ہوں۔ اخبار کی ایک ایک کترن دراصل ایک عورت ہے۔ اَپنے ماں باپ کی بیٹی ہے جنھوں نے اُس کا بیاہ رچایا ہے، جہیز دیا ہے، بہت ارمانوں سے سُسرال بھیجا ہے۔

اَور آج وہ لڑکی، وہ عورت اِس دُنیا میں نہیں ہے۔

مار دی گئی ہے۔

جلا دی گئی ہے۔

یہ خبریں پڑھ کر ہی مَیں نے اُس کے بارے میں سوچنا شروع کیا ہے۔

اس سے پہلے مجھے جیت کا کبھی خیال نہیں آیا۔
اس کی شادی ہوئی۔
وہ چلی گئی۔
یہ کوئی غیر معمولی بات نہیں ہے۔ ایسا ہوتا ہی رہتا ہے۔ اس کے بارے میں سوچنے کی ضرورت ہی نہیں۔
آج کل ہر روز اخبار میں عورتوں کو جلانے کے بارے میں پڑھتا ہوں۔ مجھے ایک فکر پیدا ہو گئی ہے۔
یہ کوئی معمولی فکر نہیں ہے۔ اس میں میری سوچ شامل ہے۔ یہ فکر ملیریا کی طرح مجھ پر طاری ہے۔ میں ہر وقت بخار میں جل رہا ہوں۔
ایک لڑکی ہنستی بولتی، گاتی اب اس نگری میں ہے یا نہیں ہے۔ زندہ ہے یا مر گئی ہے۔ یہ سانحہ کوئی معمولی نہیں ہے۔ جوں جوں اس بارے میں سوچتا ہوں بات اور گمبھیر ہو جاتی ہے —— پھر عورت کی جان لینے کے لیے ایک جہیز کا بہانہ ہی نہیں چاہیے اس دیس میں۔ کوئی بھی بہانہ ہو سکتا ہے۔ زمین کا، جائیداد کا۔ پھر مرد عورت کی وفاداری پر شک بھی تو کر سکتا ہے۔ مرد میں خود مرد ہونے کی کمی کا احساس —— کوئی بھی بہانہ عورت کے قتل کی وجہ بن سکتا ہے۔
اور جب میں یہ باتیں سوچتا ہوں تو لگتا ہے کہ یہ ملک ایک قتل گاہ ہے جہاں عورتوں کو آئے دن قتل کیا جاتا ہے۔
فضا میں دھواں سا بھر گیا ہے، گوشت جلنے کی بو، مٹی کے تیل کی بو، کپڑے جلنے کی بو۔
اور کچھ آوازیں بھی شامل ہیں اس فضا میں۔
ہلکی ہلکی چیخیں۔
دبی دبی سسکیاں، سسکیاں۔
لفظ —— "بچاؤ!" —— رات کے سناٹے میں ابھرتا ہے، دن کے اجالے میں آگ کے شعلے کی طرح لپکتا ہے۔
یہ سوچ سوچ کر میں اداس ہو جاتا ہوں۔
اور جیت میری بیوی بھی نہیں ہے۔
بہن بھی نہیں۔
دوست بھی شاید نہیں۔
بس ذرا سا انسانیت کا رشتہ تھا —— اور اس رشتے کو کون مانتا ہے۔
ان دنوں جیت کا کسی مرد سے کوئی تعلق نہ تھا۔ اور میں تنہا تھا۔ لڑکی کا بنا کسی تعلق کے رہنا ہمارے سماج میں بہت مشکل ہے۔ وہ سب کی ملکیت سمجھی جاتی ہے۔ اور میرے لیے تنہائی ایک اذیت ناک SITUATION ہے۔
"ملتی ہو؟" میں نے اس سے پوچھا تھا۔
وہ ان دو لفظوں کا مطلب سمجھتی تھی۔ ان لفظوں میں پیار شامل نہ تھا۔ بنا پیار کے کوئی آدمی لڑکی

سے یہ الفاظ کہے۔ یہ بہت دردناک بات ہے۔ ایک طرح سے یہ اُس لڑکی کی بے عزتی ہے۔

اس نے میری طرف دیکھا پھر بھی کوئی جواب نہیں دیا۔ اس نے ہاں نہ کی۔

اس مرد کی حالت کا اندازہ لگانا بہت مشکل ہے جو کسی لڑکی سے کہے "ملتی ہو؟" اور وہ لڑکی ہاں نہ کرے، اُسے رِجیکٹ کر دے۔ شرمندگی کا احساس ہوتا ہے اور پھر اُداسی چھا جاتی ہے۔

اُن دنوں جیت ہر جگہ پائی جاتی ——— تھیٹر میں، ناٹک کے شو میں، کسی ریہرسل پر، کبھی کسی پارٹی میں بھی۔

وہ خوب چہکتی رہتی جیسے دنیا کو جتانا چاہتی ہو کہ وہ بہت خوش ہے۔ کسی طرح کی کوئی پریشانی اُسے نہیں ہے۔ اس لیے وہ ہمیشہ لوگوں میں گھری رہتی۔

وہ ایک فیملی کے ساتھ پینگ گیسٹ کے طور پر رہتی تھی۔ وہ اکیلی تھی اس لیے اُسے بہت فون آتے تھے۔ ہر مرد کچھ نہ کچھ آفر کرتا۔ اس طرح وہ دو ایک ڈراموں کی ریہرسل بھی کر رہی تھی۔ اس طرح دو ایک اور فلمی کانٹریکٹ بھی سائن کر چکی تھی۔ کیونکہ ابھی تک اُس کا تعلق کسی مرد کے ساتھ نہ ہوا تھا، وہ کسی نام کے ساتھ جڑی نہ تھی اس لیے ہر مرد کی یہ کوشش تھی کہ وہ اس کے ہاتھ لگ جائے۔

میں بھی اس بھیڑ میں شامل تھا۔

جس گھر میں وہ رہتی تھی وہاں زیادہ لوگ نہ تھے۔ پتی ایک عام سا آدمی تھا۔ چھوٹا موٹا بزنس کرتا تھا۔ پتنی شکل کی اچھی تھی، ایک بچہ تھا اور لڑکے کی ماں ——— اب جیت بھی گھر کا ایک فرد سمجھی جاتی تھی۔ اکثر وہ ماں کے ساتھ کچن میں رہتی۔ بہو گھر کا کام کاج کم ہی کرتی۔

جیت جب میک اپ کے لیے آئینے کے سامنے بیٹھتی تو بہو اُسے دیکھتی رہتی۔

بہو جیت کے میک اپ باکس کی چھان بین کرتی۔ کبھی کوئی چیز زبردستی مانگ کر لیتی اور کبھی چوری کر لیتی۔ پوچھنے پر مکر جاتی۔ وہ جیت کو کسی فون کا میسج نہیں دیتی جب جیت فون پر بات کرتی تو بہو اس کے پاس آ بیٹھتی اور اٹھنے کا نام نہ لیتی۔ جیت جب رات کو گھر لوٹتی تو دیر تک دروازہ کھٹکھٹانے اور گھنٹی بجانے کے بعد دروازہ کھولتی۔

بہو ظاہری طور پر اس کی زندگی سے نفرت کرتی تھی کہ وہ آزاد ہے، اسے کوئی روک ٹوک نہیں۔ آزاد ہونے کا مطلب عورتوں کی ڈکشنری میں گالی ہوتا ہے۔ کم از کم ایک بوائے فرینڈ ہونا چاہیے۔ یہاں تو کسی کے بھی فون آتے تھے۔ مگر اندر سے وہ جیت سے رشک کرتی تھی۔ وہ اس کی طرح من مرضی نہیں کر سکتی۔ کہیں آجا نہیں سکتی۔ اسے کوئی فون نہیں کرتا۔ سبزی خریدنے کے لیے ساس سے اجازت لینی پڑتی ہے۔ اس کا پتی تھا بس۔ پتی بھی پتی جیسا۔ کوئی خاص بات نہیں تھی اس میں۔ اس پر ایک بچہ، اس کا پلو پکڑ کر گھومتا رہتا۔

پھر ایک دن اچانک مجھے جیت کا فون آیا ——— ایسا بہت دنوں بعد ہوا تھا۔ وہ اس طرح ہنس کر باتیں کر رہی تھی جیسے کچھ ہوا ہی نہ ہو۔ لیکن میں وہ بات نہ بھولا تھا۔ میں نے کہا: "کھنڈالہ چلتی ہو؟"

اس نے پوچھا: "کب؟"

زندگی میں پہلی بار لڑکی کے ہاں کرنے پر میں خوش نہیں ہوا تھا۔ میں اور وہ ساتھ ایک گاڑی میں جائیں گے۔ میں اس سے کون سی نئی باتیں کروں گا جو پہلے کسی سے نہیں کی ہیں! وہی ان گنت بار دہرائے ہوئے

فقرے۔ ہماری سانسیں ٹکرائیں گی، جسم ایک دوسرے کو چھوئیں گے۔ ہمیں ایک دوسرے سے پیار بھی نہیں۔ محبت کے بنا یہ بڑا المناک سفر ہے۔ دونوں کی ذات کی نفی ہے۔ اس کے علاوہ ہم نے زیادہ وقت ساتھ بھی نہیں گزارا تھا کہ ایک دوسرے کو ایک دوسرے کی عادت ہو جائے، ذرا سی پہچان ہو جائے۔ ہیلو اللہ گڈ بائی کا ہی تعلق تھا ہم میں۔ پھر اس کا اس طرح رضامند ہو جانا حیرانی کی بات تھی۔

وہ کس قدر تنہا ہوگی۔ اس طرح کے فون کالز کے بعد وہ ہنس ہنس کر کتنی بار رودی ہوگی۔ گھر میں بہو کے ہاتھوں تنگ اور باہر گمنام مردوں کا ہجوم جو چیل کوؤں کی طرح اس کے گرد منڈلاتے رہتے ہیں۔ ماں باپ، بھائی بہن کا سہارا بھی نہیں۔ کوئی سکھی سہیلی بھی پاس نہیں جس سے وہ دل کی بات کر سکے۔ مردوں کی اس دنیا میں وہ اکیلی کیسے رہ سکتی ہے۔ کوئی چارہ نہیں۔ اسے کسی ایک مرد کو چننا ہے۔ لاٹری کے ٹکٹ کی طرح۔ رام نکل آئے یا راون، اُسے اس امتحان سے گزرنا ہے۔

سوئمبر کی رسم بھی تو مردوں کی بنائی ہوئی تھی۔ سوئمبر میں تو کوئی شرط ضروری تھی، کوئی کارنامہ لازمی تھا۔ اب تو اس کی بھی ضرورت نہیں ہے۔ ہاں سینے پر ایک پرائز ٹیگ لگا ہونا چاہیے۔ وہ بھی کتنا سچ ہے، کسے معلوم۔

وہ مجھے بمبئی سنٹرل اسٹیشن پر چھوڑنے آئی تھی۔ کاٹن کی ایک ڈھیلی ڈھالی میکسی پہنے، وہ خانہ بدوش لگ رہی تھی۔ پاؤں میں معمولی سی چپل تھی۔

جیت، تم بھی چلو میرے ساتھ دلی۔

مذاق کرتے ہو؟

نہیں۔

سچ کہہ رہے ہو؟

ہاں سچ کہہ رہا ہوں۔

لیکن میں ایسے کیسے جا سکتی ہوں، ان پہنے ہوئے کپڑوں کے ساتھ؟

وہاں دو جوڑے خرید لینا۔ دو چار روز میں واپس آ جائیں گے۔

واقعی سچ کہہ رہے ہو؟

واقعی سچ کہہ رہا ہوں۔

لیکن گھر میں بھی تو میں نے کچھ نہیں کہا۔

کون سا گھر ہے تمہارا ——— فون کر کے بتا دو تمہاری شوٹنگ ہے یا گھر والوں نے بلایا ہے، منگنی ہو رہی ہے یا سیدھے شادی کا بول دو۔

واپس آؤں گی تو کیا جواب دوں گی؟

کہہ دینا ڈائی ورس ہو گیا۔ یا لڑکے نے تمہیں ریجیکٹ کر دیا، خوبصورت لڑکی دیکھ کر گھبرا گیا۔

اُس نے اپنی میکسی کے جیب میں ہاتھ ڈالا۔ ریزگاری کے ساتھ دس بارہ روپے تھے۔ اس نے نیم مسکراہٹ کے ساتھ ساری پونجی مجھے دکھائی۔ میں نے کہا، اتنے پیسوں میں تو ورلڈ ٹور کر سکتے ہیں!

پلیٹ فارم پر ایک سینئیر ٹی ٹی فرسٹ کلاس کے ٹکٹ کنفرم کر رہا تھا ——— میں سیدھا اس کے پاس گیا۔

EXCUSE ME - یہ میری گرل فرینڈ ہے۔ مجھے اسٹیشن چھوڑنے آئی ہے ——— میں چاہتا ہوں میرے ساتھ دلّی چلے۔

پہلے وہ ہم دونوں کو ہکا بکا دیکھتا رہا۔ پھر پوچھا، آپ کا سیٹ نمبر؟

میں نے اپنا ٹکٹ دکھایا۔ اس نے کہا، آپ بیٹھیے، میں وہیں آکر ٹکٹ بنا دوں گا۔

میں نے جبیت سے کہا، چلو دلّی۔

وہ اب تک مذاق سمجھ رہی تھی۔ لیکن جب اسے احساس ہوا کہ وہ واقعی میرے ساتھ جا رہی ہے، تو اس نے سب کے سامنے لوگوں کے ہجوم میں، مجھے گلے لگایا، میرا گال چوما ——— 'YOU ARE DARLING!' اور چھلانگ لگاتی ہوئی فون کے پاس گئی۔ بات فون پر کر رہی تھی، دیکھ میری طرف رہی تھی۔ ایک منٹ میں واپس آگئی۔ ایک لفظ کہا DONE!

اور اس طرح وہ خانہ بدوش لڑکی کاٹن کی ایک میکسی پہنے، کولہاپوری پرانی چپل ڈالے، میرے ساتھ دلّی روانہ ہو گئی۔

جب ٹی ٹی ٹکٹ بنانے کے لیے ہمارے کمپارٹمنٹ میں آیا، تو بہت دیر تک ہنس ہنس کر اس کے ساتھ باتیں کرتی رہی۔ اس کو چائے پلائی۔ میں سوچ رہا تھا کہ یہ لڑکی جہاں جاتی ہے خوشی بانٹتی رہتی ہے۔ ٹی ٹی بہت دیر تک ڈیوٹی چھوڑ کر اس کے ساتھ گپیں مارتا رہا۔

آپ ہمارے ساتھ دلّی جا رہے ہیں نا؟

نہیں، میری ڈیوٹی نہیں۔

ہاؤ سیڈ ——— بڑا مزا آتا۔

جب ٹی ٹی اس کو 'بائی' کہہ کر اترا تو مجھے لگا کہ دو دوست الگ ہو رہے ہیں۔

پورے سفر میں وہ چہکتی رہی۔

I'CANT BELIEVE IT!

YOU ARE DARLING!

YOU ARE HONEY!

YOU ARE SWEET!

پتہ نہیں کتنے فقروں سے اس نے مجھے نوازا۔

اکتوبر کا مہینا تھا۔ دلّی میں ذرا ذرا سردی شروع ہو گئی تھی۔ شام کو تو خنکی بڑھ جاتی تھی۔ میں اپنے دو چار دوستوں کے ساتھ کناٹ پلیس پر گپیں مار رہا تھا۔ اچانک جبیت نے جھرجھری لی۔ وہ سردی سے کانپ رہی تھی۔ میں چلایا، الو کی پٹھی، کیا ململ پہن کر کتھا کلی کر رہی ہو!

وہ اپنی مخصوص ہنسی کے ساتھ سب کے سامنے بولی، میں کیا کروں میکسی کے نیچے کچھ بھی نہیں نا، ٹھنڈ لگ رہی ہے۔

اور مَیں اس پر برس پڑا کہ وہ اپنا خیال نہیں رکھتی۔ بیمار ہو گئی تو مصیبت آ جائے گی۔ مَیں نے اپنا پرس دیا اور وہ تیزی کے ساتھ بھاگتی ہوئی پرس لیے نکل گئی۔ اور ڈیڑھ دو سو کے اسی طرح خانہ بدوشوں کے کپڑے فٹ پاتھ سے خرید کر واپس آ گئی۔ میرا پرس میری پچھلی جیب میں ڈال دیا۔ مَیں کپڑے دیکھ کر حیران رہ گیا۔ یہ لڑکی کتنی سادہ ہے، کتنی بے غرض ہے۔ زندگی اُس کے ساتھ کیا کرے گی!

مَیں نے اس طرح کی بے غرض لڑکی اپنی زندگی میں نہیں دیکھی۔ ہمیشہ آپ کا خیال رکھے۔ آپ کی ہر بات مانے۔ آپ کا جی بہلاتی رہے اور ہر حالت میں خوش رہے۔ اس کی کوئی مانگ نہیں۔ پھر وہ بہت صحت مند تھی۔ ہر وقت گھومنا پھرنا، پیدل چلنا، سفر کرنا۔ ہر بات کے لیے ہر وقت تیار —— کئی بار وہ گھر کا کرایہ نہ دے پاتی اور اس کا ذکر تک نہ کرتی۔ کبھی اتفاق سے ذکر نکل آتا تو ہنسی میں اڑا دیتی جیسے یہ بے حد غیر ضروری بات ہے، توجہ دینے کی ضرورت ہی نہیں۔

ہم دونوں کار کی پچھلی سیٹ پر بیٹھے تھے۔ میرا ہاتھ سیٹ کی پشت پر پھیلا تھا۔ اس کا سر میرے بازو پر تھا۔ وہ مجھے دیکھ رہی تھی۔ سنجیدہ نظر آ رہی تھی۔ اس طرح کی باتیں وہ بہت کم کرتی تھی۔ زیادہ وقت ہنسی مذاق میں گزار دیتی۔

"مَیں اپنی زندگی سے بہت خوش ہوں آج کل۔ میں اسی طرح کی زندگی گزارنا چاہتی ہوں۔ مَیں کبھی شادی نہیں کروں گی۔ آپ مجھے کہاں مل گئے —— پہلے کیوں نہ ملے —— مَیں آپ کے ساتھ اسی طرح رہنا چاہتی ہوں۔"

اس نے سیٹ سے میرا بازو لیا۔ پھر میرے ہاتھ کو اپنی ہتھیلیوں میں سمیٹا۔ آنکھوں سے چھوا، گالوں سے مَس کیا، پھر ہونٹوں سے لگایا۔

اور وہ خاموش ہو گئی۔

آدمی اس کے بعد کیا کہہ سکتا ہے —— روز مرہ کے جینے میں ایسا واقعہ کہاں آتا ہے۔ اس طرح کے فقرے کون بولتا ہے آج کل۔

ہم دونوں کی زندگی تلخی سے شروع ہوئی تھی۔ ملاقات پر دو زیرو تھے۔ دونوں زندگی سے ناخوش، کشمکش میں مبتلا، اکیلے، تنہا، مرے ہوئے، استعمال شدہ آدمی کے خاکے، پورا آدمی بھی نہ تھے۔

اُس کے ماں کرنے کے بعد مَیں بہت خوف زدہ تھا۔ ایک اور رشتے کی ذمّہ داری، ایک اور تعلق کا بوجھ۔ مجھ میں اب اتنی ہمت نہ تھی کہ نئے آدمی سے راہ و رسم کروں۔ یہ جیت کی خوبصورتی تھی کہ اس نے مجھے اس سچوایشن سے نجات دلائی۔

ہم دونوں بہت قریب تھے۔ ایک دوسرے کی سانسیں اپنے چہروں پر محسوس کر رہے تھے۔ مَیں نے اس سے کہا، جیت، تم کیا سوچ کر میرے پاس آئی تھیں، مجھ میں کیا خاص بات تمہیں نظر آئی۔

وہ بہت دیر خاموش رہی —— پھر بولی، سمجھنا سمجھانا بہت مشکل ہے۔ آپ مجھے اچھے تو لگتے تھے لیکن مَیں نے آپ کے بارے میں اس طرح کا رشتہ نہیں سوچا تھا۔ لیکن جب مَیں آپ کے ساتھ کھنڈالہ گئی، تو آپ نے جس طرح میرا خیال رکھا، بس میں پگھل گئی۔ میرے سر کے نیچے آپ کا ہاتھ، باہر نکلنے کے لیے کار کا دروازہ کھولنا، زمین سے اٹھنے کے لیے ہاتھ بڑھانا، اٹھ کر پانی کا گلاس پیش کرنا۔ اکیلی تنہا، کٹی ہوئی

لڑکی کے لیے یہ تمام فضول، چھوٹی، بے معنی سی باتیں، اسے مار دیتی ہیں، غلام بنا دیتی ہیں۔

بس یہ پہلی اور آخری سنجیدہ بات چیت ہم دونوں کے بیچ میں ہوئی۔

اور اچانک وہ غائب ہو گئی۔ جیسے کسی نے اُسے سطحِ زمین سے اٹھا لیا ہو، جیسے اس کا قتل ہو گیا ہو، جیسے دیواریں کھڑی کر کے اسے قید کر لیا گیا ہو۔

بہت دنوں کے بعد زندگی اچھی لگنے لگی تھی —— پہلی بار مستقبل کے خواب دیکھنے لگا تھا —— ہر کام میں دل چسپی بڑھ گئی تھی —— بہت لگن اور چاؤ سے اپنا کام انجام دے رہا تھا —— زندگی کی جدوجہد روزمرہ کی مصیبتوں، مایوسیوں سے دوچار ہونا، اب بہت معمولی سی بات نظر آتی۔ ہم روز صبح ایک دوسرے کو فون کر دیتے۔ ایک دوسرے کی مصروفیات سے آگاہ ہو جاتے۔ فرصت ہوتی تو مل لیتے۔ نہ ہوتی تو دوسرے دن پر ملتوی کر دیتے۔

میرے کہنے پر اس نے اپنا خیال رکھنا شروع کر دیا تھا۔ کھانے پینے میں احتیاط برتنے لگی تھی۔ دھیرے دھیرے اس کے جسم کی چربی کم ہونے لگی تھی۔ ورزش کرنے لگی تھی۔ اس کے نقوش تیکھے ہونے لگے تھے۔ کپڑوں کے بارے میں بھی وہ اب محتاط ہو گئی۔ میرا خیال تھا کہ وہ اپنے پروفیشن میں کامیاب ہو جائے گی۔ دیانتداری، محنت اور لگن سے وہ اپنے لیے چھوٹی موٹی جگہ بنا لے گی۔

وہ میرے ساتھ دیکھی جانے لگی تھی اس لیے مردوں کے فون کم ہونے لگے تھے۔

مَیں اس سے ملنے کئی بار اس کے گھر گیا۔ بہو سے باتیں بھی کیں، تھوڑی سی تعریف کر دی اس کی، دو ایک بار اپنے ساتھ اُسے ہم کھانا کھلانے بھی لے گئے۔ مَیں نے جبیت اور اپنے رشتے کے بارے میں بہو سے کچھ نہ کہا لیکن وہ سمجھ گئی کہ جبیت اب اکیلی نہیں ہے۔ میں اس کا خیال رکھ سکتا ہوں۔ اگر اس نے جبیت سے بدسلوکی کی تو مجھ میں ہمت ہے کہ دوسری جگہ کا بندوبست کر لوں۔

مَیں نے بہو سے فون پر جبیت کے بارے میں پوچھا۔ اس نے کہا، وہ تو چلی گئی ہے۔ کہنے کا انداز ایسا تھا جیسے کوئی خوشخبری سنا رہی ہو۔

چلی گئی ہے۔ معنی —— ؟

چلی گئی ہے معنی چلی گئی ہے۔ سارا سامان اُٹھا کر۔ اب وہ یہاں نہیں رہتی۔

کچھ کہہ کر گئی ہے؟

نہیں۔

کہاں گئی ہے؟

مجھے کیا معلوم!

میرے پاس سوالوں کا انبار تھا —— مَیں اس سے بہت کچھ پوچھنا چاہتا تھا، جاننا چاہتا تھا، لیکن اس نے فون رکھ دیا۔

اور مجھے جبیت کا ایک لفظ یاد آ گیا۔ فون پر جب ہماری بات ختم ہوتی تو وہ کہتی۔ "رکھ دوں؟"

یہ کوئی موقعہ تھا کہ اس کا بولا ہوا لفظ یاد آ جاتا!

اب پہلی بار مجھے احساس ہوا کہ مَیں جبیت کے بارے میں کچھ زیادہ نہیں جانتا۔ دونوں نے اس کی ضرورت

ہی نہیں محسوس کی۔ ایک رشتہ مان لیا تھا اور دونوں مطمئن تھے۔ وہ کہاں سے آئی ہے، اس کے ماں باپ کون ہیں، کہاں رہتے ہیں، کیا کرتے ہیں، اس کے بارے میں کیا سوچتے ہیں، اس سے کیسا سلوک کرتے ہیں —— کچھ بھی تو معلوم نہیں۔

اور مجھے جیسے چپ لگ گئی —— مشین کی طرح سب کام کرتا، کھانا کھاتا، شراب پیتا، گاڑی میں بیٹھتا، اخبار پڑھتا، ڈرائیور کو ہدایت دیتا۔ سب کچھ ویسے ہی چل رہا تھا۔ کچھ بھی تو نہیں بدلا تھا۔

صرف میں نے جیت کو کھو دیا تھا۔

ایک بات کا میں نے خیال رکھا۔ گھر سے آفس، اور آفس سے گھر —— اس کے علاوہ میں نے آنا جانا بند کر دیا تھا —— نہ جانے کب اس کا فون آ جائے، کہیں دستک سنائی دے، کوئی خط، کوئی خبر۔

ایک دن کسی نے بہت زور سے دروازہ کھٹکھٹایا۔ اور جیت بہو کے ساتھ اندر آئی۔ بہو کا چہرہ مرجھایا ہوا تھا۔ شاید وہ جیت کی حالت دیکھ کر روئی ہوگی۔

جیت نے مجھ سے کچھ نہ کہا —— بس روتی رہی۔

میرے خواب و خیال میں بھی یہ بات نہیں آئی تھی کہ جیت رو سکتی ہے۔

دیر تک رونے کے بعد اس نے کہا، میرے بھائی اچانک آدھی رات کو کمرے میں داخل ہوئے۔ میرا سامان اٹھایا۔ مجھے دھکیل کر گاڑی میں بٹھایا۔ کسی کے گھر لے گئے۔ اور کہا، میری شادی طے ہو گئی ہے۔ میرا باہر نکلنا بند کر دیا۔ بات چیت بھی نہیں کر سکتی تھی۔ ٹیلی فون کے پاس جاتی تو میری ہونے والی نند ساتھ رہتی۔ باتھ روم میں بھی وہ تقریباً میرے پاس رہتی۔ بھائی گھر میں پہرہ دیتے رہے۔ کئی دن تک۔ اور جب میں نے کوئی احتجاج نہیں کیا تو وہ اپنے ساتھ مجھے باہر لے جانے لگے۔

آج مہینوں کے بعد مجھے موقعہ ملا ہے۔ میں بہانہ کر کے آئی ہوں کہ میری کچھ ضروری چیزیں بھابی کے پاس رہ گئی ہیں —— بھائی مجھے ان کے یہاں چھوڑ گئے اور ان کو ہدایت دے گئے ہیں کہ میری نگہبانی کریں۔ مجھے اکیلا نہ چھوڑیں۔

میرے پاس وقت نہیں ہے۔ میں معافی مانگنے آئی ہوں۔ میں نے آپ کو DESERT کیا ہے۔ دھوکا دیا ہے۔ مجھے معاف کر دیجیے۔

اور وہ بے اختیار رو پڑی۔ بہو کچھ دور بیٹھی تھی۔ اس کی آنکھیں بھی نم تھیں۔

اور مجھے احساس ہوا کہ جیت ایک عورت ہے۔ صدیوں سے مردوں کی غلام۔ بھائی بہن، ماں باپ، روایت، رسم و رواج کے ہاتھوں قیدی۔ وہ آزادی، ہنس کر باتیں کرنا، گھومنا پھرنا، سب جھوٹ تھا۔ اس کا ذہن آزاد نہ تھا —— اس کی اپنی کوئی مرضی نہ تھی، کوئی زندگی نہ تھی، کوئی سوچ نہ تھی کیونکہ وہ عورت تھی۔

میں کھڑکی کھول کر دیکھتا ہوں۔ آسمان پر بادل چھائے ہیں۔ اُمس ہے۔ گھٹن ہے، پانی برسا نہیں ابھی تک۔

میں روز اخبار پڑھتا ہوں۔ ساری خبریں دیکھتا ہوں۔ BURNING BRIDES کی کوئی خبر نہیں چھوڑتا۔ بہت دن، بہت مہینے، شاید برس گزر گئے ہیں۔ جیت سطحِ زمین سے اٹھالی گئی ہے۔ زمین نے اسے

نگل لیا ہے۔

میں اخبار کی جمع کی ہوئی ایک ایک کترن دیکھتا ہوں، چھوتا ہوں، پڑھتا ہوں۔ ہر کترن ایک لڑکی ہے، ایک عورت ہے۔

ایک لڑکی ہنستی بولتی، گاتی گھومتی اب اس نگری میں ہے یا نہیں۔ زندہ ہے یا مار دی گئی ہے۔

اور یہ ملک ایک قتل گاہ ہے۔
یہاں عورت کو قتل کیا جاتا ہے۔
جلایا جاتا ہے۔
اور جیت میری بیوی بھی نہیں۔
بہن بھی نہیں۔
دوست بھی شاید نہیں۔
بس ذرا سا انسانیت کا رشتہ ہے ———
اور اس رشتے کو کون مانتا ہے!!!

باہر کی دُنیا

آندھی طوفان میں بارش کے ساتھ ساتھ اولے برستے ہیں۔ تب فصلیں تباہ ہو جاتی ہیں۔ اولے کب کس موسم، کس ٹمپریچر میں برستے ہیں، جانکاری رکھنے والے جانتے ہیں۔ لیکن لفظ جب برستے ہیں اور دلوں کی کھیتی اُجاڑ دیتے ہیں تو لوگ تب قیاس آرائی سے کام لیتے ہیں۔

لفظ اُسے ہمیشہ پریشان کرتے رہتے۔ چاہے اسکول میں پڑھائے گئے لفظ ہوں یا ماں باپ کے سنائے ہوئے لفظ۔ وہ ہمیشہ اپنے آپ کو بچاتا آیا تھا۔ یہی کارن تھا کہ اس نے اسکول میں آگے پڑھنے سے انکار کر دیا۔ ذرا بڑا ہوا تو کالج بلڈنگ کے سامنے کھڑا ہو کر آنے جانے والے ودیارتھیوں کو دیکھتا رہتا تھا۔ سوچتا تھا... "دھندلا" اُن کا کیا ہوگا... آگے چل کر اس کا ٹھکانہ یونیورسٹی کے احاطے میں لگے ہوئے ایک پرانے پیپل کے پیڑ کے نیچے تھا۔ وہ پیار سے اس پیڑ کو "بودھ ورکش" کہتا تھا۔ اس کو پوری آشا تھی کہ ایک دن اُسے بدھ کی طرح ہی اس پیڑ کے نیچے گیان ملے گا۔ اس لیے لفظوں سے بچنے کے لیے اکثر وہ اس پیڑ کا سہارا لیتا تھا۔ وہ بدھ کی طرح سمادھی نہ لگاتا تھا بلکہ جگنوؤں سمیت سوچتا رہتا تھا۔ یہ

اُس کا اپنا سمادھی لگنے کا انداز تھا ——— گرمیوں میں اکثر تپتی دھوپ میں وہ پڑا سوتا رہتا تھا۔ اس کا یہ بھی وشواس تھا کہ تحت الشعور تو ہمیشہ جاگتا رہتا ہے۔ ہوا میں جب سینکڑوں پتے اپنی مدھروانی سے شلوک اچارن کرتے تو وہ سوتے سوتے مسکرا اُٹھتا ——— گیان کی گنگا بہتی رہتی اور وہ قدرت کا ایک حصہ بن کر جاگتا، بہتا محسوس کرتا اور سوچتا۔

جب وہ بڑا ہوا تو اُس کے دل و دماغ میں ایک طرح کی گرمی پیدا ہونے لگی ——— گرمی بڑھتے بڑھتے آگ کی صورت اختیار کرنے لگی۔ اُس کے ذہن میں ایک طرح کی بے چینی پیدا ہو رہی تھی۔ وہ اُس بے چینی کو کوئی نام دینا چاہتا تھا۔ لیکن وہ الفاظ کا سہارا نہیں لیتا تھا ——— وہ خاموش رہنے لگا۔ لیکن بے چینی کبھی کبھی لاوے کا روپ اختیار کرتی۔ وہ پاگل سا ہو جاتا۔ اور کئی بار وہ بنا سوچے سمجھے، بنا کوئی جتن کیے بے اختیار رو پڑتا۔ بنا لفظوں کی ایک کتھا رتھا اس کا رونا۔

جب اُس سے بھی اُس کا من شانت نہ ہوتا تو وہ سڑکوں پر گھومتا رہتا، مارا مارا پھرتا۔ بے مقصد، بے وجہ پھر تھک ہار کر اُس سو سال پُرانے پیڑ کی چھاؤں تلے جا کر سو رہتا۔ اور گہری گہری سانس لیتا رہتا۔ کبھی کبھی سانسیں آہ و زاری کی صورت بھی اختیار کر لیتیں ——— پیڑ کی عمر بھی اُس نے اِس طرح سوتے ہوئے خود ہی طے کی تھی۔

جب وہ چلنے پھرنے کی انتہا کو پہنچ گیا تو اُسے اِس طرح کی پابندی پسند نہ آئی۔ پھر اُس نے ایک موٹر سائیکل خریدی۔ موٹر سائیکل اُسے دُور دُور لے جاتی۔ شہر سے باہر آبادی سے دُور ——— اُسے ہمیشہ اُفق کی ریسیدہ پسند تھی۔ وہ کھیتوں، میدانوں کے ساتھ ساتھ اُفق کو دیکھتا ہوا اُڑتا پھرتا۔ موٹر سائیکل کسی محبوبہ کی طرح اُس کی جانگوں سے لپٹی ہوئی اُس کے ساتھ بھاگتی۔ موٹر سائیکل اُسے اِس لیے بھی پسند تھی کہ اُس کی آواز تو تھی الفاظ نہ تھے۔ جیسے جیسے اُس کے دل میں دھواں بڑھتا ویسے ویسے موٹر سائیکل کی رفتار بڑھتی، اُس کی غرّاہٹ بڑھتی۔

اور ایک وقت آیا کہ موٹر سائیکل کی آواز بھی اُسے رام نہ کر پائی۔ سینے میں دھواں بھر گیا۔ دیوانگی کا سا عالم چھانے لگا تب اُس نے اظہار کے لیے رنگوں کا سہارا لیا۔ تب وہ چترکار کہلایا۔ جب وہ کم عمری میں ہی مشہور ہو گیا تو اُس نے اپنے لیے الفاظ چنے ——— اسکول میں سکھائے ہوئے، کالجوں میں پڑھائے ہوئے، ماں باپ کے رٹے ہوئے، روایت کے گھڑے ہوئے الفاظ اُس نے نہ اپنائے اور اپنی ضرورت کے مطابق، احساس کے مطابق نئے انوکھے لفظ چنے۔ اُس نے الفاظ کے ساتھ اپنی دنیا تو بسائی لیکن باہر کی دُنیا اُسے ہمیشہ پریشان کرتی۔ کوئی نہ کوئی لفظ اُسے چونکا دیتا۔ کئی بار اُس کے دل کی کھیتی اُجڑتی۔

ایک دن بہت حبس تھا۔ وہ پیڑ کے نیچے خاموش لیٹا تھا۔ اور کسی انہونی گھٹنا کا انتظار کر رہا تھا۔ پھر

اس کے اپنے جسم نے اُسے اپنی کہانی سُنائی۔ اُس نے کئی بار سُنی اَن سُنی کر دی۔ کئی بار چیخا چلّایا، شراب پی اور اپنے جسم سے مخاطب ہو کر باتیں کیں۔ اسے زندگی میں کوئی پابندی پسند نہیں وہ اپنی آزادی کھونا نہیں چاہتا وہ کسی اور شخص کا محتاج نہیں ہونا چاہتا لیکن جسم تو اپنی ذات، اپنی شخصیت، اپنا احساس رکھتا تھا۔ وہ اس کی سوچ کی گرفت سے آزاد تھا۔ اکثر اس سے الگ ہو کر کہیں نکل جاتا تھا۔ گلیوں میں بھٹکتا تھا۔ کسی موڑ پر رک جاتا تھا۔ اور آنے کا نام نہ لیتا تھا۔ کسی دروازے، کسی کھڑکی پر ٹکٹکی باندھے دیکھتا رہتا تھا۔ کبھی کبھی بہت بے شرمی سے کام لیتا تھا۔ اُسے بہت خجالت ہوئی، وہ کوستا، ڈانٹتا اور جسم بڑی خاموشی سے سُن لیتا، لیکن آنکھوں میں کوئی جذبہ ہوتا۔ کوئی ولولہ ہوتا۔ دیوانگی ہوتی۔ وہ اپنے جسم کے ہاتھوں مجبور ہوتا جا رہا تھا۔ ایک دن بہت حسین تھا۔ وہ پیڑ کے نیچے خاموش لیٹا تھا اور کسی انہونی گھٹنا کا انتظار کر رہا تھا۔ پھر اس کے اپنے جسم نے اسے اپنی کہانی سنائی اور اس کی شادی ہو گئی۔

اُرملا کسی بہت بڑے فوجی افسر کی بیٹی تھی۔ فوجی افسر چترکار کو جاہل، اَن پڑھ، گنوار سمجھتا تھا ـــــ اُرملا بہت خوبصورت تھی۔ باپ کی طرح اونچے قد کی مالک تھی۔ وہ انگریزی اسکولوں اور کالجوں کی پڑھی لکھی لڑکی تھی۔ جب وہ اس کے ساتھ چلتا تو چترکار اس کا ذدست نہ لگ کر، بتی نہ لگ کر باڈی گارڈ لگتا۔ وہ یہ سوچ کر خوب ہنستا۔ اور جس دن شادی ہوئی، وہ سہاگ رات اُسے بستر پر چھوڑ کر شہر کی گلیوں میں نکل آیا۔ اُس دن وہ پھر سے بہت بےچین تھا۔ اُداس تھا۔ وہ جانتا تھا کہ اس نے اپنی آزادی گروی رکھ دی ہے۔ اب وہ ہمیشہ ایک شخص کا محتاج رہے گا۔ وہ ایسے الفاظ بُنے گی، گھڑے گی جیسے کمہار کچی مٹی سے برتن بناتا ہے۔ وہ الفاظ اس کی سمجھ میں نہ آئیں گے لیکن آہستہ آہستہ وہ عادی ہو جائے گا۔ اس دن اس کی شکست ہوگی۔ وہ کئی بار جھنجھلائے گا۔ احتجاج کرے گا اور پھر اس کا جسم اپنی کہانی سُنائے گا۔ اپنے جادو سے اُسے بےبس کر دے گا۔ پھر اسی مٹی کے برتن بنائے گی۔ سانولے سلونے، تانبے کے رنگ کے اُن کو بھٹی میں رکھے گی۔ اُمی بہت سندر تھی۔ خوب ہنستی تھی۔ خوش دل تھی، ہوشیار تھی۔ اس کے پیار کا انداز بھی اپنا تھا۔ نئی نئی باتیں سوچتی۔ کتابوں سے پڑھی ہوئی کئی ایسی باتیں کرتی۔ کہ وہ حیران رہ جاتا اور جب وہ اپنی شبنم اس کے تپتے ہوئے جسم پر گراتی تو اُسے ایسے سکھ ملتا جیسے وہ کوئی نیا چتر بنا رہا ہو۔ وہ اس ملیا جال سے بچنا چاہتا تھا۔ وہ اُمی کو حاصل تو کرنا چاہتا تھا لیکن شادی نہیں کرنا چاہتا تھا۔ لیکن اُمی اس سے زیادہ طاقت ور ثابت ہوئی۔ وہ ساری رات اپنی موٹر سائیکل پر سڑکوں پر بھٹکتا رہا۔ موٹر سائیکل اس کی جانگوں سے لپٹی بھاگتی رہی۔ ہوا سے باتیں کرتی رہی۔ غرّاتی رہی۔ اپنی لے کے ساتھ اپنی رفتار کے ساتھ پوری وفاداری نبھاتی رہی۔ جب وہ تھک گیا تو پیڑ کے نیچے سو رہا۔ اُمی صبح ہونے سے پہلے ہی وہاں پہنچ گئی۔ اس نے ذرا شکایت نہ کی۔ اس نے اس کے ہونٹ چومے۔ اپنی مہکتی سانسیں اس کے چہرے پر بٹا دیں۔ اسے اٹھا کر گھر لے گئی۔ اب صبح ہو گئی تھی۔ اُمی نے دروازہ بند کر دیا۔ پھر اس نے اس کے تپتے جسم پر شبنم کی بارش کی۔ اس کو نئے الفاظ سے آشنا کیا۔

جب سُنیل پیدا ہوا تو پڑھنے کے لیے اس اسکول میں گیا جہاں اُرملا نے تعلیم پائی تھی۔ اب اُمی کا باپ

بڑا فوجی افسر بھی اُمّی اور سُنیل سے ملنے آتا تھا۔ اور چیتر کار سے بھی ملتا تھا۔ اُمّی نے طے کیا تھا کہ سُنیل اسی کالج میں جائے گا جس میں اُمّی پڑھی تھی۔ کبھی کوئی دقت نہیں ہوگی۔ ہوگی تو بڑا فوجی افسر اپنے ناتی کا پورا خیال رکھے گا۔ اِن باتوں میں باپ اور بیٹی اس سے مشورہ نہیں کرتے تھے۔ وہ خود ہی طے کرتے تھے۔ اس نے بہت جلد محسوس کرلیا کہ سنیل، اسکول میں پڑھائے ہوئے لفظ سیکھے گا۔ ماں کے، نانا کے سیکھے ہوئے لفظ جانے گا۔ اسکول کے کمپاؤنڈ میں بوئے ہوئے نئے نئے لفظ بولے گا۔ وہ بے بس تھا۔ اب بھی وہ بے چین ہوکر، کئی بار، اپنی موٹر سائیکل پر سوار، شہر کے باہر، کوسوں دور افق کی سیدھ میں نکل جاتا تھا۔ اب بھی وہ کئی بار اپنے "بودھ درکھش" کے نیچے جاکر سوتا تھا۔ لیکن ہر بار اسے لوٹنا پڑتا تھا۔

لیکن جب لفظ اولے برساتے ہیں تو دلوں کی کھیتی اُجاڑ دیتے ہیں۔ ایک دن چیتر کار گھر لوٹا تو سُنیل نے لفظ کا اولا اس کے مُنہ پر دے مارا... "لانڈیا..." یہ لفظ کسی زر پرست کا گھڑا ہوا لفظ تھا۔ سیاست کی گندی چال تھی۔ اس لفظ میں مسلمان طبقے کے بارے میں چھپی ہوئی نفرت تھی۔ گھنیاپن تھا۔ چیتر کار اپنے اُس بچے کی طرف دیکھتا رہا۔ یہ اس کا اپنا بیٹا ہے۔ یہ لفظ کہاں سے آیا۔ اس کا آغاز کہاں سے ہوا۔ کہاں سے سفر کرکے کس گلی سے چل کر اس کے گھر پہنچا ہے۔ کون لوگ ہیں۔ سوچ سمجھ کر طے کرکے لفظوں کو گولا بارود کی طرح استعمال کرتے ہیں۔ انسانوں کو انسان سے جدا کرتے ہیں۔ نفرت کو جنم دیتے ہیں۔ اس دن وہ بہت اُداس تھا۔ اس نے سُنیل کو سمجھایا۔ اس کی ماں سے شکایت کی۔ اس کے پیچھے سے بات کی —— پرنسپل کے کمرے میں شور مچایا... کیا پڑھاتے ہو ان بچوں کو۔ کیا بنانا چاہتے ہو اور لوتھ جھکیں کرتے ہو ان کو انسان تو رہنے دو جانور کیوں بناتے ہو۔ اس کچی عمر میں نفرت، حسد، تعصب، تنگ نظری اور دشمنی کا بیج ان کے معصوم دلوں میں بوتے ہو... اس رات وہ ساری رات جاگتا رہا۔ سُنیل، اُمّی اور اس کے درمیان سو رہا تھا۔ اسے لگا کہ باہر کی دنیا نے اس کے گھر میں گھر لیا ہے۔

اب اسے "بودھ درکھش" کے نیچے بھی شانتی نہ ملتی تھی۔ جیسے "بودھ درکھش" کی شخصیت بدل دی گئی ہو۔ اس سال یونیورسٹی کی سینیٹ نے طے کیا تھا کہ سو سال اس پرانے درخت کو کاٹ دیا جائے اور یونیورسٹی کی بلڈنگ کا ایک اور حصہ تیار کر دیا جائے... چیتر کار نے سُنا تو آگ بگولہ ہوگیا۔ اس کے لیے تو وہ پیڑ گیان کا مندر تھا۔ پرانی سبھیتا تھی۔ چھپی ہوئی انسانیت تھی۔ قدرت کا حصہ تھا وہ پیڑ —— اس نے اس چھوٹے سے شہر کے سارے "بدھی جیوی" باشعور لوگوں کو اکٹھا کیا۔ چترکاروں سے بات چیت کی۔ بڑے بوڑھوں سے بات کی۔ جھگڑے کیے، چیتاونی دی۔ کچھ روز تو اس شہر میں سوائے اس پیڑ کے اور کسی کا ذکر نہ تھا۔ ہر تبصرہ میں روزناموں میں اس پیڑ کو بچانے کی مہم کا ذکر ہوتا۔ اور اس طرح انتھک محنت سے وہ پیڑ اب بچا رہ گیا تھا۔

لیکن بدلے میں یونیورسٹی کے ادھیکاریوں نے اس کی یہ دشا کر دی تھی کہ اس کے سامنے ہی بلڈنگ کے حصّے کی تعمیر شروع کر دی۔ پیڑ کے نیچے ایک کینٹین بھی بن گئی تھی بلڈنگ میں کام کرنے والے

مزدوروں کی چائے وہیں بنتی تھی۔ پیڑ کے نیچے سیمنٹ، ریتی، پانی کے ٹب اور پتھر پڑے رہتے اور پیڑ کی ٹہنیوں کے ساتھ گندے کپڑے، گیلے تولیے، پھٹکے لٹکے رہتے۔ چترکار نے اس پیڑ کی یہ دشا دیکھی تو رو پڑا۔ اب وہ دھیرے دھیرے بے بس ہوتا جا رہا تھا۔ پیڑ کا درد سہہ نہیں پا رہا تھا۔ اور تھوان کے آنسو رد رہا تھا۔ پھر اس نے بہت دنوں کے بعد رنگوں کا سہارا لیا۔ جہاں پیڑ نے دادا جی کا روپ اختیار کر لیا۔ جو ہاتھ پاؤں سے معذور ہے۔ کبھی وہ سنگیت کار ہے اور اس کی ٹہنیوں سے ہوا سنگیت چھیڑ تی ہے لیکن سنگیت دردناک ہے۔ کبھی وہ رشی منی ہے اور گیان دھیان میں مگن ہے اور کبھی وہ اپنی بڑی بڑی آنکھوں سے بے بسی کے آنسو رو رہا ہے۔ چترکار کئی سال سے اس پیڑ کے ساتھ جی رہا تھا۔ سانس لے رہا تھا۔ اس پیڑ کی ساری زندگی اپنا چکا تھا لیکن پیڑ کی دردشا بڑھتی رہی۔ کانکریٹ کی بدصورت منزلیں اس کے آس پاس اونچی ہوتی گئیں —— اب کوئی پنچھی اس پیڑ پر نواس نہیں کرتے تھے۔ کبھی کبھی کوے کائیں کائیں کرتے سنائی دیتے تھے

ایک دن چترکار اپنے بھاری دل، بھاری من کو لیے موٹر سائیکل پر باہر شہر سے دور نکل گیا۔ اس بار اس نے امی کو بھی نہ بتایا تھا۔ وہ اکیلا، تنہا رہنا چاہتا تھا۔ وہ سوچنا چاہتا تھا کہ انسانوں کی اس گھری ہوئی بستی میں وہ کیا کرے۔ وہ تھک گیا ہے۔ بے بس ہو گیا ہے۔ اپنے آپ سے بھی الگ ہوتا جا رہا ہے۔ پوری زندگی میں بے تعلقی سی پیدا ہو گئی ہے۔ پچھلے دو سالوں میں اس نے بہت سے الفاظ ادا کیے ہیں۔ سنے ہیں، لکھے ہیں، پڑھے ہیں۔ اور ان کے رنگ ماند پڑ گئے ہیں۔ ہر جگہ الفاظ کے میلے ملتے ہیں۔ بے تعلق، بے معنی، گھڑے ہوئے، سدھے ہوئے، جن میں نہ تو انسانیت ہے۔ نہ گرمی ہے، نہ ولولہ ہے، نہ جذبہ ہے، اسے لگا کہ وہ اس پرانے پیڑ کے ساتھ ساتھ مرتا جا رہا ہے۔

وہ اس لٹتی ہوئی دنیا سے بہت دور نکل گیا تھا۔ اس نے دور سڑک کے ساتھ ایک چھوٹی سی کوٹھری دیکھی۔ وہ بہت تھکا ہوا تھا۔ وہ اس کوٹھری کے دوار تک پہنچا تو پتہ چلا کہ وہ سردار جی کا ایک ڈھابہ ہے۔ سردار جی بزرگ تھے۔ پرانے پیڑ کی طرح انھوں نے چترکار کے ہاتھ منہ دھلائے۔ پانی پلایا۔ چائے پلائی، کھانا کھلایا اور کھاٹ ڈال دی تاکہ وہ دم لے لے۔ سردار جی نے اس کا نام نہ پوچھا۔ ذات نہ پوچھی، شہر نہ پوچھا —— چترکار ایک مسافر تھا۔ اور سردار جی پرانا پیڑ تھے۔ چترکار بہت سالوں کے بعد شانتی سے وہاں سو گیا۔ —— یہاں کوئی الفاظ نہ تھے —— احساس تھا، جذبہ تھا، سیوا بھاؤ تھا۔

چترکار جب چلنے لگا تو اس نے سردار جی کے پاؤں چھوئے۔ نہ تو سردار جی حیران ہوئے نہ خود چترکار، بستی سے بہت دور اسے ایک انسان، ایک بزرگ نظر آیا تھا۔

وہ ہلکا پھلکا محسوس کر رہا تھا۔ اب وہ موٹر سائیکل کی رفتار سے آشنا تھا۔ اس کی غراہٹ میں

سنگیت بھی تھا۔ وہ محبوبہ کی طرح اُس کی جانگھوں سے لپٹی ہوئی تھی۔ چترکار بہت خوش ہوا۔

جب وہ نئی بستی میں داخل ہوا تو اسے پتہ چلا کہ دِلّی میں کانڈ ہو چکا ہے ایک المیہ ہو گیا ہے ایک ٹریجڈی کی بنیاد ڈالی گئی ہے۔ کبھی کسی تہذیب میں اس قدر وحشی پن، اس قدر حیوانیت نہیں ہوئی۔ آدمی نے آدمی کو مارا ہے۔ خون کیا ہے —— یہ خون خرابہ، ۱۹۴۷ء میں ہندوستان کی تقسیم کے وقت ہوا تھا لیکن ایک انسان دوسرے انسان پر مٹی کا تیل چھڑک کر آگ لگا دے گا کبھی کسی تہذیب میں ہوا تھا؟ —— اس ملک میں انسان اتنا وحشی ہے جانور ہے، بے حس ہے نفرت سے بھرا ہوا، اتنی VOILENCE ہے اس کے دل دماغ میں، اس دیش میں، اس دیش کے لوگوں میں جو شانتی کا پاٹھ پڑھاتے ہیں ساری دنیا کو۔ پہلی بار سن ہو گیا وہ جیسے سارے احساس مر گئے ہوں۔ وہ سوچنا چاہتا تھا۔ رونا چاہتا تھا۔ کچھ طے کرنا چاہتا تھا۔ لیکن اس کے شریر میں طاقت نہ تھی۔ پھر اسے اُس ڈھابے کا خیال آیا۔ اس سردار جی کا، جو اس پرانے پیڑ کی طرح سڑک کے کنارے بسے ہوئے تھے۔ آتے جاتے مسافروں کو آسرا دیتے تھے۔ پانی پلاتے تھے، کھانا کھلاتے تھے۔

چترکار نے اپنی موٹر سائیکل پکڑی اور جیسے موٹر سائیکل بھی اس کی یہ بات سمجھ گئی تھی۔ موٹر سائیکل اُڑتی ہوئی غراتی ہوئی مسکراتی ہوئی، موڑ کاٹتی ہوئی، اُڑتی اُڑتی چلی گئی اور چترکار سیدھا اُس ڈھابے پر جا پہنچا۔ لیکن لفظ اس سے پہلے پہنچ گئے تھے۔ ان کی رفتار موٹر سائیکل سے بھی تیز تھی۔ کسی مشین سے تیز تھی۔ سردار جی کی بھی درد شا ہو گئی تھی۔ اس پرانے پیڑ کی طرح اپنی زندگی بچانے کے لیے انھوں نے بال کاٹ دیے تھے۔ ڈاڑھی مونچھیں منڈوا دی تھی۔ اس زندگی کو بچانے کے لیے اس ذلیل دُنیا میں کچھ سال گزارنے کے لیے انھوں نے اپنے رشی منیوں جیسے پوتر، مقدس، بال اپنے پرانے صدیوں کے سنسکار تیاگ دیے تھے۔ اب وہ ایک عام آدمی کی طرح، ڈرے ہوئے، سہمے ہوئے، گھبرائے ہوئے، بلکہ کسی جانور کی طرح اپنے غار میں چھپے بیٹھے تھے۔

چترکار جب نیم بے ہوش اپنے گھر میں واپس پہنچا تو سنیل نے اس کے مُنہ میں ایک اور لفظ کا گولہ پھینکا۔ "سِکھڑا" مسلمان تو لانڈیا تھا ہی اب سِکھ بھی سِکھڑا بن گیا۔

اور جب اولے برستے ہیں تو دِلوں کی کھیتی اُجڑ جاتی ہے!

مکرم نیاز کی دو کتابیں

راستے خاموش ہیں

(منتخب افسانے)

فلمی دنیا: قلمی جائزہ

(تبصرے رتجزیے)

بین الاقوامی ایڈیشن درج ذیل معروف بک اسٹورس پر دستیاب ہیں

Amazon.com

Walmart

Barnes & Noble